U0022918

The Portal to Cosmic Consciousness

據說，這條中古世紀的朝聖路線對應著天上的銀河
能讓行走其上的朝聖者因其能量獲得心靈啟發，甚至奇幻的經歷

「我從不是對宗教虔誠的人，我選擇靈性上的追求。
因此聖雅各之路使我感興趣之處在於光之線本身的能量，
以及單獨步行八百公里的挑戰，
在途中你基本上會變得無助而脆弱，這點也是大多數朝聖之旅所要求的。
大部份人嘗試走上這條朝聖之路的動機，
便是想要體驗向上帝及自我的完全臣服。」

— 奧斯卡影后 莎莉•麥克琳

A JOURNEY OF THE SPIRIT

THE CAMINO

聖雅各之路

莎莉麥克琳的光之旅

新時代運動先驅 莎莉・麥克琳 Shirley MacLaine 著
嚴韻 譯

園丁的話

這是一本大膽的書。

一本以十足勇氣和堅定信念為後盾所寫成的書。

莎莉麥克琳向來是我很喜歡的作者之一，而她其實更為人所知的身份是知名影星和舞台劇演員。她從不掩飾她對心靈和外星人的興趣，也因此，即使是在光怪陸離的好萊塢，還是有不少人把她當怪胎和異類看待。

她特立獨行、不畏人言，勇敢探索生命意義和追求自我的勇氣，透過坦率有趣的文筆，在她歷年來的著作裡表露無遺。

我可以想像這本書的部份內容可能會帶給某些人理性和意識上的極度不安，甚至因此批判或嘲諷。然而，我們每個人都活在自己創造的實相裡，所以，請以一個開放的心，享受她帶給我們的這段有趣且深具省思的心靈旅程。畢竟，這是屬於她的靈魂回溯，她的聖雅各之路的奇幻經歷。

如莎莉麥克琳所言，這是一趟向內回溯的旅程。而我們不論是不是曾走在聖雅各之路，每個人無不是在自身的靈魂旅程中蹣跚前行。我們都需要在獨行中一步步走進自己的內心，勇敢去面對和瞭解最真實的自己和靈魂的真相。

先行者的道路從來不是平坦的，總是形單影隻，而且人煙罕至。

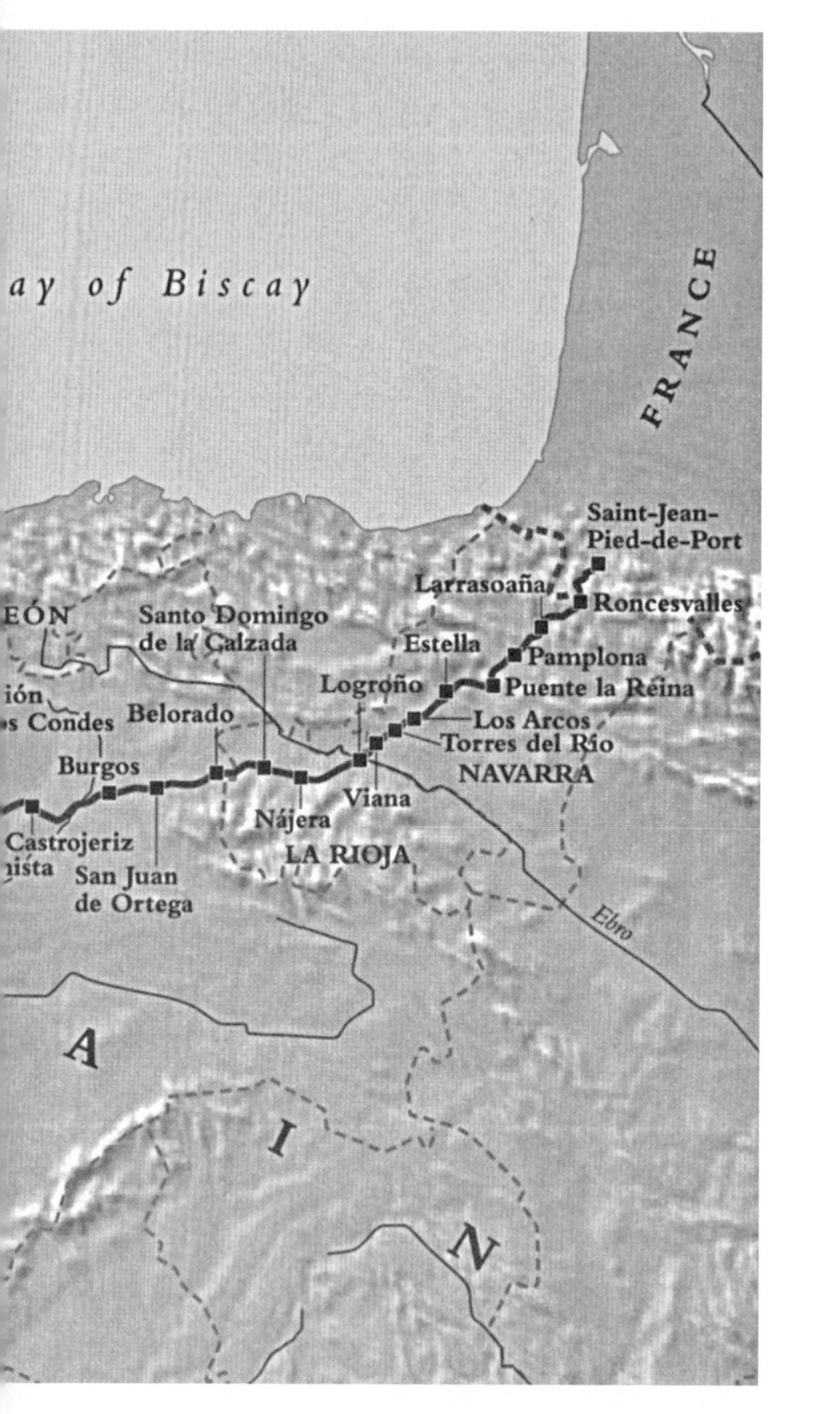

ay of Biscay
FRANCE
Saint-Jean-
Pied-de-Port
Larrasoaña
Roncesvalles
EÓN
Santo Domingo
de la Calzada
Estella
Pamplona
Logroño
Puente la Reina
ión
s Condes
Belorado
Los Arcos
Torres del Río
Burgos
NAVARRA
Viana
Nájera
Castrojeriz
LA RIOJA
iista
San Juan
de Ortega
Ebro
A
I
N

The Santiago de Compostela Camino

獻給凱瑟琳

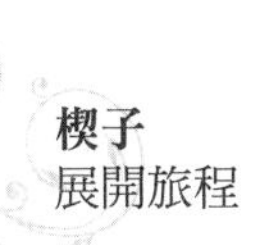

楔子

展開旅程

每一個人都有自己的哲學和宗教信仰。靈魂則是另一回事。我相信靈魂的意義表示我們所知道所了解，可以被五種感官維度實際觸及其存在的一切，事實上，都是另一種同時存在著，然而卻更微妙且不可見的能量的顯現。靈魂振動的頻率高於物質次元，它是一種更高的實相；靈魂透過形式顯現為生命。

因此我相信，一種更高的、精細的靈性電磁能量，是藉由地球表面為物質和形式流動著。就像人類透過軀體這個載具來表達他們的靈性和多次元自我，地球的地理也是物質媒介，讓古老的記憶和一股內在的、鮮活的性靈能由此顯現。

那麼，如果聖靈在地球和我們所有人之中流動，為什麼這個世界的情況會是如此悲慘？我不能了解為什麼會有那些暴力，或者，借用那句老話來說，是「人類對人類所做出的不人道行為」。氣候也令我困惑，因為它顯然已失去平衡，這當然也讓我再一次回到我多年前在研究靈性和形而上學時所獲的結論，那就是自然本身與心智的意識是相通的。對我和幾乎所有我認識的人來說，要保持穩定和抱持希望的態度來看待人類走向並不是件容易的

事。

當然，好萊塢以及我一生都參與其中的藝術產業所反映出的價值觀，本身可能就反映著我們社會很大的部分，但我覺得我們好似被困在一個沒有止境的循環裡，眼睜睜看著我們美國人從小被教導的正派言行、敏感體恤以及靈性的價值觀分崩瓦解。我們究竟是怎麼了？身為人類的要務是什麼？我們對自己和子女的未來有何期望？還有最重要的，為什麼我們似乎嚴重地缺乏自重？

現在，身為一個已六十五歲的老年人，我發現自己不但感到憤怒、寂寞，對於我們可能的走向感到焦慮，我也害怕我們現在幾乎已完全遠離了我們的初衷。

我有一個女兒、兩個外孫、一個弟弟和四個姪子姪女。我的父母已經往生，我自己也在想著我的塵世冒險不知還剩下多少時間。然而，我感到自己擁有前所未有的創意、足夠的金錢和五、六個我在所有層面都能溝通的摯友（這可是很難得的），有著健康的身體、健全的心智（儘管有些個人脫口秀的喜劇演員不會贊同這點），並且過著無拘無束，足以令那些被人生的責任重擔壓得喘不過氣的人們所羨慕的生活。有時候，社會的宣傳和制約會讓我以為我是寂寞的，但再想想，我就會鬆了口氣地理解到，我過的生活正是我想要的……沒有男女關係的牽絆，不用受限於養家活口（包括養丈夫）的艱苦，不需勉強自己去做一份無法激發靈感的工作，並且可以自由去做任何我未來想做的事。然而，問題就在這兒……未來是什麼呢？

我是否應該釘牢屋頂，因為預報將有強風？全球股市會全面崩盤嗎？日燄是否會擾亂通訊？是否會有一個單一的世界政府，一切買賣都要依照它的指示？各種似乎正在侵染人類的病毒是否會變得愈來愈致命，因為我們正在剝奪它們自然生活於其中的森林？我們的社會是否會變得對科技上癮，使得合宜的人性受到嚴重影響？我們的環境是否已經被犧牲得再也無法維持健康的人類生命？宇宙間是否有其他生物？如果有，他們會不會來幫助我們——還是來消滅我們？上帝是不是去午休了？……沒錯，我的問題多到連做夢都想不到。而且，是的……我發現在我人生的這個時候，我有了應得的時間，可以做夢。

也許是因為我是如此自由而且能夠接受新的思想，於是我有時間和精力——去思考不僅我自己，而是我們所有人究竟在做什麼。我的想像力可以跨越時間來回激盪，直到進入一種能提供某些答案的心智—時間狀態。但這是後話了。

許多世紀以來，有一條著名的朝聖路徑橫越西班牙北部，稱為「聖地牙哥德康博斯特拉之路」（Santiago de Compostela）。人們說這條Camino——也就是路或道的意思——直接對應銀河並且沿著反映天上星系能量的地表光之線延伸。

在東方哲學裡，大地的靈性生命力叫做普那（prana），它和提供所有生命能量的太陽生命力緊密相關。在這條稱為光之線的能量線上，生命力特別強。這些光之線是地球「以太靈性」的基礎架構，它們通常很直，寬度和強度各有不同。一條光之線的橫切面看起來

像沙漏，細窄的中間部分貫穿地表。光之能量存在於地上和地下，而且能量都是相等的，它以非常高的頻率散發，而當人類的意識經驗到它時，便會引發思緒、經驗、記憶上的清明，使人得到啟示。

光之線的能量會提高「以太」和構成人腦的濃密物質的振動頻率，使得先前受到抑制的意識覺察和訊息傳導更為完整。這一點可能會令人不安而畏懼，因為它意味著透過這種能量，人會變成更心靈或通靈的存在體——不論這改變是好是壞。

光之線不僅帶有與太陽契合的地球靈性能量，也有和其他銀河及星系契合的能量。

順著地球光之線的聖地牙哥之路始於法國，越過庇里牛斯山，由東至西橫跨西班牙北部，然後到達建築精美而極為著名的康博斯特拉（Compostela）的聖地牙哥大教堂，據說聖雅各（Saint James）就葬在此地。

我從不是對宗教虔誠的人，我選擇靈性上的追求。因此聖地牙哥之路使我感興趣之處在於光之線本身的能量，以及單獨步行八百公里（將近五百英哩）的挑戰，在途中你基本上會變得無助而脆弱，這點也是大多數朝聖之旅所要求的。大部分人嘗試走上康博斯特拉的聖地牙哥之路的動機，便是想要體驗向上帝及自我的完全臣服。

我應該踏上聖地牙哥之路的最早跡象或說暗示，是一九九一年在巴西出現。當時我在當地表演個人秀，我的劇團經理麥可・福勞爾斯（Michael Flowers）拿了一封信給我。那是一封手寫的信，沒有署名。麥可常常過濾我的郵件，並且以在我看來很厲害的直覺，通常會挑出他相信是重要的信。容我在此離題，跟各位說說他的直覺。他做我的劇團經理已經將近三十年。我信任他，如果他認為某件我不曾聽過的事很重要，我就會認真去聽。這點一定要先說明，因為他在稍後的故事裡扮演著重要的角色。

我常會收到各式各樣的要求，其中最深刻和最瘋狂的通常都跟形而上學、靈性，以及外星人等事情有關。有一次我在南非演出，一對母女要求見我，因為她們跟來自昴宿星團的外星生物有過第三類接觸。我跟她們見了面。她們看來似乎神智清醒、合乎邏輯，當她們說完她們的遭遇，我問她們什麼時候會再見到她們的太空新朋友。她們說對方告知會在粉紅房屋被漆成白色的時候再回來。她們原先並不明白這句話的意義，直到告訴了我，原因是：我在新墨西哥州的房舍是位於一個與世隔絕的地區，當地有許多關於太空船的故事。我買下那棟房子時，它是粉紅色的，但在經過翻修和仔細考慮之後，我決定把它漆成白色！我還沒有見到他們回來，但這事一直掛在我心上。

無論如何，我在巴西演出時麥可所收到的那封信，清清楚楚地說我應該踏上康博斯特拉的聖地牙哥之路。我前面說過，信上沒有署名。信是用墨水寫的，信裡懇求我踏上聖地牙哥之途——如果我是真的嚴肅看待我的靈性及形而上學寫作、教導和研究的話。我感到好奇，思索了一番，跟我在巴西曾做過朝聖之旅的朋友們談了談，後來就把此事給忘了。

三年後，我再度到巴西演出，又接到了同一字跡的信，仍舊沒有署名。信上說如果我要繼續寫書談論靈性成長，那麼踏上聖地牙哥之路就是我現在必須去做的事。

我的巴西朋友安娜・史壯（Anna Strong）同意這個說法。安娜帶領冥想和內在平衡的研討班，她是靈性方面的領導者和諮商師，我尊敬她，知道她曾經走過，也幫助過別人完成聖地牙哥之路。她告訴我需要有的心理準備後，說她會在馬德里跟我碰面，協助我展開這段旅程。我取消了原本計畫夏天要演出的電影，我告訴我的經紀人我要徒步橫跨西班牙。他早已習慣了我莽撞、冒險的行事方式，說我應該買雙好鞋，然後就接受了這件事。「何況，妳可能可以從中再寫出一本好書來。」他補充道。

好吧——很好。

數千年來，走上聖地牙哥之路的包括了聖人、罪人、將軍、社會邊緣人、國王和皇后。他們的意圖在於找出對自身最深的靈性意義，以及自我當中衝突矛盾的解決之道。古人深知聖地牙哥之路的能量讓他們更能自我省思和更了解自己。

在史籍中，聖地牙哥之路可追溯到凱爾特人（Celtic）的時代，這些書裡有許多關於宇宙啟示的神話故事和多次元存在體的矮人地精（gnomes）、仙女、巨人、侏儒的敘述；而傳說中最令我感興趣的面向在於這條路徑的終點是在芬尼斯特雷（Finisterre），它位於康博斯特拉以西數英哩的大西洋岸邊，當時被認為是已知世界的盡頭（譯註：Finisterre 此字便有「地球盡頭」之意）。我想知道以前那未知的世界是什麼？是否有片土地曾存在於我們有記載的歷史之前？它是否在呼喚我們這些有所感應的人去追隨聖地牙哥之路，直到我們以某種方式再度接觸它？為什麼聖地牙哥之路的旅程，能夠讓朝聖者更自知自覺，並對自己的命運有所了解？

我必須踏上聖地牙哥之路的這件事，幾乎帶有一種急迫感，好似這樣我才能在我自身歷史的祕密裡旅行——那個歷史遠溯到超出我能夠想像的範圍——它幾乎是一種揮之不去的感覺，我知道我個人的實相會因此變得更清楚更容易了解。但我當時並沒有料到它會帶給我那麼大的衝擊。

我現在仍在適應我過去——和現在——的實相。我的靈性和我的靈魂在時光中的旅程讓我真切地發現我有能力感受到我和神性的一致。那是一種與神感應的意識狀態。當靈魂的旅程被認知和接受，情緒就會重新得到安定。當我開始踏上聖地牙哥之路的時候，我自己和這個世界的情緒無疑都是失衡的。在旅程之中我逐漸了解原因何在。許多人都把聖地牙哥之路看做是一條宗教的路徑。這我能理解，因為它四周圍繞著宗教圖像、教堂以及教堂所建立與人類生命有關的種種提醒的東西。但我看到了教會試圖將其信眾裝進它社會觀的模子裡，將感情的領域遠離個人的靈性，同時卻宣稱它在靈性上是優越的。然後我意識

到，早期由宗教主宰的世界已經被如今的科學——力圖擺脫過去的靈性與情感，追求一個科技「事實」的世界——所取代。

研究人類行為卻拒絕透過他們自己的情感來做觀察的科學家並沒有抓到現實的要點。個體的感覺／感受在他們的世界絲毫不受重視。他們將人類的感情和情緒去人性化並置之不理，卻偏好於他們所稱之為集體觀察，也就是被這世界同意的東西。他們甚至不允許自己展現人性。如果他們的觀察不夠理性和「科學」，他們就會受到排斥。在他們的世界裡，連表達感情都是件不得體的事。儘管他們宣稱他們是在尋找關於地球住民的真相，事實上他們是在建立一種拒絕感受能力的新思考方式。

因此實際上，科學已經掙脫了教會的主宰，變成今日世界真理的主宰者。鎖鍊只不過換了人拿而已。科學成了真理的新主人和征服者，它對人類行為所造成的影響隨處可見。然而，如果我們不認清我們內在的靈魂旅程，我們就會迷失，並且只是我們最初被創造時所意圖的部份而已。

我相信今日世人所經歷如此多的悲傷，可以被視為將過去事件從我們內在清除的練習——好讓我們有空間去容納未來的喜樂。身為人類的我們，尋求喜樂是我們的道德責任。我們因喜悅與神同在。但我們必須對那些發生在我們人生之前的事有所理解與認知，因為在那其中有著我們的歷史，我們的衝突、寂寞、困惑、怨恨，以及我們與自己、與上

帝分離的歷史。如果我們能跟我們的古老情緒和平共處，我相信我們就有能力盡到我們尋找喜悅的道德責任。

在我沿著聖地牙哥之路往西前行的旅程中，我覺得我回到了過去，回到了一個我們人類開始以現今模樣呈現的經驗之地。是的，我可以說這是個神話和想像的經驗，然而，神話是什麼？想像又是什麼？意識的所有想法或幻想不都是基於某種記憶，否則它們怎麼會出現呢？

＊編註：聖地牙哥之路為英文音譯，聖地牙哥即為西語的聖雅各，本書內文統一以較普遍的英文音譯聖地牙哥之路稱之。

1

我旅行的時候喜歡輕裝簡行。然而，僅七磅的輕裝對我還是第一次。我的巴西朋友安娜．史壯自己走過這條路，她警告我，幾個星期之後背包裡的每一盎司都會變得像幾噸那麼重。因此……鞋子非常重要，必須仔細挑選——只要帶一雙走路的，再一雙在每天走完路之後換穿。

我睡覺的時候向來很容易被外在聲響吵醒。我知道沿途我會睡在庇護所（refugios），那裡會有許多打鼾、咳嗽、交談和大聲說夢話的人。我在想該不該帶我隨時不離身的助眠器（編註：一種在睡覺時可以發出雨林或瀑布等聲音來幫助入睡的機器）。太重了，我決定不帶。我沒辦法帶那些電池。我選擇帶耳塞，儘管我的順勢療法醫師和針灸師警告我耳塞會堵住通往腎臟的經絡。我帶了一個輕的睡袋、兩雙襪子、兩條內褲、兩件T恤、一條小浴巾、一條洗臉毛巾、一塊肥皂、一條短褲、一雙讓我的腿不受曝曬的薄緊身褲、一些順勢療法的藥（應付梨形蟲病、反胃、割傷及瘀青）、OK繃、Nu Skin、膠帶、一個水瓶（路上每個村子裡都會有乾淨的飲水泉）、護照、幾本筆記簿、一小本通訊錄、幾張信用卡（我發誓不拿來用）、一點現金（希望我不會依靠它）、一件 Gore-tex 外套、一條 Gore-tex 的寬鬆長褲、一件毛衣（因為不論天氣冷熱我都得步行）、一頂遮陽帽、太陽眼鏡、幫助入睡的褪黑激素，還有我珍愛的 Pearlcorder 錄音機和許多小錄音帶。

我是金牛座，因此是個會積攢東西的人。我立刻了解到這趟旅程會檢驗出什麼對我而言才是最重要的。「這條路和它的能量會提供妳一切所需。」安娜告訴我，「它會告訴妳該丟掉什麼——而妳會因此變得謙卑。妳會知道妳的身體真的是一座殿堂而非監獄，也會發現妳自己的本質。」她告訴我，我會找到一根步行時用的手杖。它會對我表達想協助我。我的雙腳會從土地得到能量，所以在聖地牙哥之路，步行要比搭乘交通工具好上無數倍。我會在道路上收到訊息，彷彿它在對我說話，最後我會與這道途和其歷史合而為一。

我見了其他曾走過這趟朝聖之旅的人。他們建議我不要吃太多、要喝很多水——一天至少兩公升（2000c.c.）。這一路上會有許多好餐廳，但最好還是維持在這路途意圖的能量裡，也就是要從本質上脫除外在的羈絆。他們告訴我，在跋涉途中不需擔心任何事。首先，西班牙政府保護所有朝聖者，並有嚴格的法令規定不得干擾朝聖者的前進。他們告訴我，我最好單獨一個人走，儘管在路上會遇到許多人。我身上背的每一樣東西都會引我分心。我應該學會放手。我也應該有死亡的心理準備，因為踏上這樣的朝聖之旅就意味著，我準備好要放棄跟我生命衝突的那些老舊價值。

我可以很誠實地說，如果死亡註定在這趟旅程發生，我也不會覺得有任何問題。我對現狀早已受夠了。我準備好要接受一種新的了解，驅策我向餘生邁進。

為了準備長途跋涉，我決定背上背包去演練一番。

我把東西全都打包好，有一天決定了去走加州的卡拉巴沙山丘，做為出發前的練習。而事實上情況也正是如此：我覺得那次的經驗成為我的「前兆」。

那條路我常常走。當我在入口處停車時，眼角餘光注意到路徑附近的樹叢裡有位拉丁裔男子，他的衣著骯髒破舊，沒有穿鞋，眼神有點狂亂。

我沒有理會他，我鎖上車，扣好背包，開始健行。我伸手摸到我的瑞士刀，心裡知道有了它我是安全的。我也知道我將往上走到一處有長凳的地方，我可以把背包卸下來在那裡休息。

然後我開始想著我是多麼的目標導向。對我而言，目標太重要了，有時候達到目標這件事就正當化了我為達成目標所使用的手段。我走了好幾英哩的路，邊走邊想著要走到那有長凳的地方。我繼續往前走。背包很重，健行漸漸成了一場辛苦的行進。我停下來，往水瓶裡加了些緊急用維他命C，喝了水，繼續往前邁進。終於，我停了下來，筋疲力竭，然後意識到自己早已超過了我設定為目標的那處長凳！我並沒有忽略這件小事的意義。我真的對自己事事都要超前感到失望。但我就是常常做這種事，總是脫離了我要走的路，因為我強烈地想要到達目的地。也許這就是這個世界對「成功」的定義。我是這個約定俗成的詞彙的一個例子，然而我想尋找的是「成功」的真正意義。一個人必須要達到了某個版本的成功，才會知道還有其他的版本。

總之，我轉身往回走，經過幾哩路後，認出了那張長凳。我決定不坐下來休息，繼續往山下走。當我走回停車的地方，那位拉丁裔男子還在那兒，他看起來更糟了。

「我能幫你什麼嗎？」我問他。

「我沒穿鞋，腳痛得要命。」他說，「我需要搭便車到我的車子那裡。」

我意會到我是在跟一個有西班牙血統的男子說話，我幾乎感覺我是在經歷聖地牙哥之路的一個未來事件。「我應該仁慈對待陌生人。」我心裡想。

我猜想他的車停在不遠處，於是表示願意讓他搭個便車。他上了車坐在我旁邊。他身上很髒，發出臭味。

「我不知道我為什麼這麼做。」他茫然地說。

「有時候我們都會為了我們不了解的原因做一些事。」我回答，心想一個星期後我即將

要做的那件事我也不了解原因。我發動車子，告訴他我要去進行康博斯特拉的聖地牙哥朝聖之旅。他似乎了解我在說什麼。

「你是天主教徒嗎？」我問。

他點頭說，「是的。」

「你在進行悔罪嗎？」我問。他點頭。

「妳是要進行悔罪嗎？」他問。

我說我不這麼想。

然後他看著我的胸部。我已經決定在聖地牙哥之路不戴胸罩，因為背著背包，肩帶會弄痛我的肩膀。但我也有想到不穿內衣可能會顯得挑逗。我在想，我的擔心是否變成了事實。

那男子繼續盯著我的胸部。哦，老天，我想。可能會有危險。附近幾哩都看不到半個人。

他終於把視線從我身體移開，然後說，「我可以跟妳做愛嗎？」

這實在太超現實了。我猛一踩煞車，爆發出來。「你瘋了嗎？」我喊叫，「你到底以為你在幹嘛？你當然不知道，你這個白癡。我讓你搭便車是因為你需要幫助，你的腳在痛，你需要水、需要回到你的車上，而你的行為居然是這樣？你太可惡，太不像話了！」我非

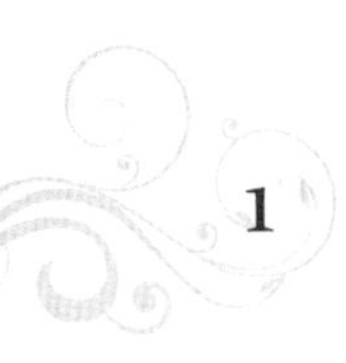

1

常憤怒，而這似乎觸動了他腦中某種錯亂的正義感。

「妳就是這樣，看到沒？」他說，「我是用請問的，不是用強求的，而妳卻拒絕了。」

我驚訝得張大了嘴。我現在有麻煩了。我想到我要更憤怒地好好修理他一頓，但我在他臉上看到的某種閃現的東西阻止了我。他並沒有碰我也沒有靠近我的身體。他接著說，「我已經過了我的車了。讓我下車。」他帶著命令口氣地要求。

四周看不到半輛車。

「沒問題。」我回答。他打開他那一側的車門，下了車。

「聽著！」我說，「你應該小心點，別亂講性的事，你知道的，那可能會帶給你一大堆麻煩。」

他背對著我半轉過頭說，「是的，謝謝妳。我知道。我總是做這種事。」

然後就這麼走開了。

我困惑地坐在車裡。方才的事真的發生過嗎？我好像剛經歷了一段實驗性的幻覺。我轉過頭再去看他。他不見了。看不到任何男人、任何車子。我發誓再也不要害怕不戴胸罩了，也知道我要好好想想實相就是心智之所在這個真理，還有我將長凳做為目標的決心竟強烈到讓我走過頭了都不知道……。實相其實就是心智之所在。我可以更深入了解到為

什麼我是一名演員了。我可以在現實中顯現我需要的東西。我顯現出了一個赤腳、骯髒的流浪漢，警告自己聖地牙哥之路是女性的，是陰柔的，也因此人類的性慾特質將會浮現。每個人都告訴我聖地牙哥之路會提供行走的人一段戀情。要不要接受是個人的選擇。在幾個星期之後，我將會面臨那項選擇。

2

我們大部分人都有一個靈魂知交，我們可以（如果運氣好的話）和他談論任何事情。對我來說，凱瑟琳・泰南（kathleen Tynan）就是這樣一個朋友。她非常知性聰明，但她並不因此就不懂如何享受時光。她喜歡社交、上館子、參加宴會、喜歡精彩的對話。凱瑟琳是英國人，一個非常知性的美女，她並不像我對靈性事物感到興趣。我想可以說她感到好奇，但她曾經坦率地試著說服我，不要出版任何述說帶引我走向形而上學之路的文章。她認為這是很古怪的東西，而且如果我跟大眾分享我的信念，會對我的事業造成危害。然而，當她看到除了有人以此開開玩笑外，我的事業並沒有受害，她對我的研究便比較放心了。她是非常誠實的朋友。她已過世的先生是著名的英國作家及評論家肯尼斯・泰南（Kenneth Tynan），他在世時也是我的好友。

肯過世後，凱瑟琳仍繼續戴著婚戒，就連她跟別人發展關係時也一樣。肯是她的支柱、她的繆思，也為她連結（或者替代）了她父親。她似乎是在透過她生命中的男人，尋找她父親對她而言的真正意義。

當她到馬里布（Malibu）來看我，並且令我很開心地一口氣待了一個月時，我注意到她會帶著錯綜複雜的矛盾神情凝望大海，對著水面和天空一看就是好幾個小時，似乎是困惑卻又認命地在沉思。我納悶她是否終於在冥想生命裡不被承認的靈性。後來我發現事情不止於此。凱瑟琳罹患了直腸癌，生命已接近尾聲，她自己知道這點。她的醫生找不出任何問題，但她堅持有東西不對勁。最後核磁共振檢驗證明了她是對的。他們驚愕地發現那潛藏的腫瘤竟有酪梨大小。

我一直都對凱瑟琳會如何離世的方式感到好奇。多年來她一直想多了解她父親，他在她十幾歲的時候就去世了。在她罹患癌症前，也就是她生命的最後幾年，她翻找出父親以前寫的文章（他是駐外記者）、查看家族紀錄、訪問認識他的人、搜尋她自己的童年記憶，這些都是為了想找出真實的他——不只是他的人格與個性，還有他與她母親的關係。凱瑟琳本身和母親並不太親近。

她曾向我承認她生命中的男人都是通往她父親的途徑，但現在她似乎非要再次認識他不可。我把我的觀察放在心裡一角，直到我得知她罹患癌症。我在想，這個病或許就是最快的方式能夠讓她和她最愛、最想念的那個男人團聚。

我打電話到倫敦，告訴她我要進行聖地牙哥朝聖之旅。她完全懂得我的意思，因為幾年前她和肯還有孩子們曾經開車去過。「事實上，」她說，「那是我們最後一次一起旅行，也是一趟和解之旅。肯的身上連著車裡的一個氧氣筒，」——他得的是肺氣腫——「抽著菸跟孩子們在後座談笑，我開著車，企圖了解生命究竟是或不是什麼。」

她說聖地牙哥之路的旅行，即使是開車，仍然將他們的關係推至頂峰。旅程結束後一年整，肯死於七月二十六日。她很高興我要去走這一趟，她希望在我到西班牙前能跟我在倫敦見面。「癌細胞已經擴散到我的骨頭了。」她說，「所以早一點來比較好。」凱瑟琳面對肯的死以及她自己的處境都有著令人屏息的英式幽默。

我向加州的朋友們說再見，離開的時候他們很多人都哭了。我旅行過很多次、說過很多次再見，但這回不一樣。我猜想他們知道這趟旅行的危險，但他們也一定感受到了更多什麼。朋友安瑪麗（Anne Marie）要我用四十天的時間行走，因為耶穌和多位聖人在荒野中就是待了四十天。我的員工們（也是朋友）並不真的了解我為何要讓自己置身險境。我弟弟和我的女兒則已經習慣了我的四處漫遊，他們以超然不帶感情的口吻說：「祝妳玩得開心。」朋友蓓拉・艾布澤（Bella Abzug）認為這不過又是另一趟瘋狂、魯莽和衝動的靈性冒險，她並不以為意。而另兩個好友則到我在新墨西哥州的房子去鎮住那裡的能量。（他們兩人都流著印地安血液，了解土地的能量對保持平衡很重要，儘管我會遠在世界的另一頭。）我的女管家送我到機場。我們擁抱，她哭了，我謝謝她是個這麼體貼的太太。

當我抵達凱瑟琳的倫敦家中，她的模樣和病情惡化之迅速令我震驚。然而她仍緊鑼密鼓地寫著她第二本關於肯的書，內容包括他的信件和筆記。（這些東西她多年來都好好地收在檔案櫃裡。）在這兒我想說一下凱瑟琳的堅毅：她的美是那麼精緻勻稱，散發出熾烈的光和熱，使得旁觀者看不見她所受的苦。她讓我美式「直接了當」的誠實顯得黯然失色。她像一朵層次豐富的玫瑰，每展現一片花瓣就更加引人入勝。或許我們感情這麼好，能這麼認同彼此是基於一個更根本的原因：我們都是加拿大人。我母親是加拿大人，凱瑟琳則出生在加拿大，雖然她已經在英國住了很久，並採取英式行事風格和紀律。

就連被疾病所苦時，她都有紀律地驚人。當她要去參加出版商懷登菲德爵士在倫敦辦的一場書界宴會，她幾乎已無力穿衣或甚至走路，但她決心要驅散關於她生病的傳言。我幫她穿衣化妝，然後叫車前往。我發誓替她保密；我當晚的任務就是要散播凱瑟琳健康良好的消息。我至今仍鮮明地記得凱瑟琳儀態萬千地坐在一張錦緞沙發上，灰色的批肩遮住了她骨瘦如柴的身體，她剛整理的頭髮披散在臉旁（她在化療期間從沒掉過頭髮）。沒有人會想到她腹部裡有根管子將腸中的排泄物引導到藏在她衣服下的一個袋子裡，也沒有人會想到她胸部裝了一根定時會對她身體注入化療藥品的導管。就連我也不被允許親眼看見她在病況裡的根本苦難。

當然了，英國社交圈那些不著痕跡的八卦人士蜂擁而至，詢問我尖銳的問題。在我解釋她只不過感染了輕微的肺炎之後，他們開始討好凱瑟琳。原先在癌症傳言之前傳的就是肺炎哪，看在老天的份上。

懷登菲德爵士帶起話題，提議「到底有誰」該寫回憶錄。凱瑟琳之前只跟朋友保持電話聯絡，他們似乎對她只是因為肺炎而疲倦感到滿意，於是開始交換起政壇的八卦。凱瑟琳了解這些人，成功完成了她的社交任務。

當我看到她在批肩下的身體有點踉蹌搖晃時，我知道她需要離開了。她勇敢的演出不能露出馬腳。

我們離開宴會場所。她嘆口氣，在車上睡著了。我在想，不知她會不會在我在西班牙健行時死去。

✣

我在凱瑟琳那裡待了三天。我跟她的醫生談過，他們對病情並不樂觀；跟她的子女談過，他們兩人都維持不流露感情的英式態度；跟她的母親談過，她母親是個氣勢強硬，暗藏批判的人；我跟兩個曾愛過她的男人談過，但他們並不真正了解狀況；當然，還有跟凱瑟琳本人談過。

我們的對話痛苦而深刻。她認為自己還剩幾個月的時間，問我相不相信她真的會跟父親相聚。這導致了靈性方面的討論，而在如此私人的狀況下，這樣的討論對我也很困難。這

麼說吧，她經歷了試圖了解肯羅患肺氣腫卻依然繼續大量抽菸的死亡過程。「他並不想死。」她堅持。「他好努力地奮戰要活下去。」我感到極為不解，但我發現如果反駁或否定她的說法會令我痛苦，因為這樣會使得她自己即將死亡的這件事，以及她潛藏著想與肯以及她父親在一起的願望浮上檯面。她認為天堂已經在地球上失落，並且相信失落的理由應該繼續是個謎。

在倫敦停留的最後一天，她要我開始獨自跋涉的時候從西班牙打電話給她。她說到時她會取下婚戒，希望我為她走這趟聖地牙哥之路。她回憶起西班牙鄉間的日落、食物和宗教上的意義，然後說她會等我回去報告我的歷險記。

3

我離開了倫敦，掛心著凱瑟琳。我需要一些時間來思索友情和失去的意義。

我在西班牙馬德里跟安娜・史壯碰面，她如約來這裡協助我上路。她對我這趟跋涉充滿期望，她說送我上路後就要去愛爾蘭參加一場研討會。

我們比較了背包的重量，討論必需品等重要事項，然後她交給我一本聖經。「妳必須要讓自己隨意翻閱。」她說，「出現哪頁就讀哪頁。妳的更高自我會給妳妳需要的東西。」

我們在安娜的馬德里朋友家過夜。這會是我最後一夜睡在一張真正的床上，在一棟真正的房屋裡，有真正的熱水、隱私的洗手間以及安靜的睡眠環境。

翌日我們出發前往班普隆納（Pamplona）。我們搭計程車越過庇里牛斯山進入法國，退到旅程的出發點聖尚比耶得泊（Saint-Jean-Pied-de-Port）。這條我們日後將重新踏上的蜿蜒路徑在山區繞來繞去，我暈車了。真是個好的開始，我想。這樣走起來可簡單了。

到了聖尚比耶得泊，安娜說我們需要去拜訪一位布西爾太太，才能拿到我們的carnés，也就是做為旅途之證的折疊小冊子。這本小冊子會在每個村莊被蓋上戳印，它將證明我們完成了這趟旅程。

古老的聖尚比耶得泊滿是白牆紅瓦的古色古香房舍。所有的店都關門了，鎮上寒冷而黑暗。計程車在老城區的聖母教堂把我們放下來，我們越過尼芙河（river Nive），取道西班牙街，從西班牙門穿過城牆環繞的上城（haute ville）。夜色裡，路上空無一人，安娜也不記得布西爾太太住在哪兒了。就這樣，我開始了總是在找某樣我找不到的東西的三十天旅程。在敲過許多扇門，其中一些溫和地拒我們於門外之後，我走上了一道石階，進入一處黑暗的門廳，後面是一所看來不祥的庇護所，來自巴黎的朝聖者已經睡在這裡，這條聖地牙哥之路上。

我們在走廊遇到了幾個很不高興的朝聖者，剛跟布西爾太太交涉完的他們翻了厭惡的白眼。顯然她以態度不佳聞名，接下來就輪到我們了。

我們敲她的門。她開了。「我的老天！」她尖叫道，然後用法文說她得了流行性感冒，覺得疲累。她有台小電視開著，一個美軍合唱團正唱著「吾之雙眼曾見上主將臨的榮耀」。我會需要這個的，我想。一隻小狗在吠，牠身旁的盤子裡沒有狗食。布西爾太太約五呎四吋高，一頭沒梳理的灰髮，她惡劣的態度的確能考驗一個人靈性的耐心。

接著她取笑安娜的球鞋，儘管那雙鞋沒什麼不尋常的。她挖苦地說我們一定無法走完聖地牙哥之路。她說她從沒走過，也不打算去走，然後又說了更多潑冷水的話，最後終於給了我們蓋了戳記的小冊子，然後幾乎是用趕的把我們送出門外。

安娜和我很快就找到了一間五星級的農舍餐廳（譯註：高級餐廳的米其林評鑑等級最多也只有三顆星，此處應是比喻的說法，表示其食物及服務都極佳），喝了葡萄酒、吃了一頓美味的晚餐，想著我們即將進行的刻意貧寒的跋涉和我們現實生活裡的地位的矛盾。有何不可呢？伊莎貝拉女王、費迪南國王，以及許多沒那麼出名的國王與皇后都走過這條矛盾的路。是的，就連君王也需要靈性的財富。

晚飯後我們外出尋找黃色箭頭，安娜說那些箭頭會為我們指路。黑暗中看不到它們。我看不懂任何標示上的西班牙文或法文，我覺得我對安娜的依賴超過了我所願意的程度。我能夠跟別人同行而依舊保持獨立嗎？我在人生中很早就提出了這個問題，但我仍然不確定答案。

4

第二天，六月四日，我開始徒步跋涉，背上背著我那七磅重的「轡繩馬具」。一大早陽光燦爛，現在我可以看見引導我們出鎮的黃色箭頭了。我看見前方有其他的朝聖者，有些兩兩結伴，有些獨行。朝聖者並沒有正式的隊伍，他們只是散佈在鄉間，朝著庇里牛斯山前進。大部分人的背包上都別著扇貝殼——這是聖雅各的象徵，也是聖地牙哥朝聖者的標誌。我邊走邊想著在我之前的朝聖者。康博斯特拉朝聖之旅集結了全歐洲的各方人士。你可以說聖地牙哥之路是中古時代基督教試圖透過信仰和虔誠奉獻來統一社會裡藝術、宗教、經濟、文化等等層面事務的傳承。販夫走卒、聖人和王室成員，大家拋開了社會區隔與國界——為了對上帝的崇拜，並在前往康博斯特拉的聖地牙哥途中找到自己內在的神性。羅馬、耶路撒冷和聖地牙哥之路是基督教的中心，也是基督教所意味的一切。

法國的勒普伊（Le Puy）主教在眾多隨員的伴隨下，是最早在西元九五〇年踏上這趟朝聖之旅並加以紀錄的人之一。雖然這條路線據說數千年前就已是朝聖之地，但至今尚未發現那些早期旅程的記載。朝聖者的數目每個世紀都在增加，並且有他們敘述體驗的記事。

4

當時人們成群結隊而行，因為盜匪、竊賊和流浪者會帶來安全上的威脅。聖堂騎士團（Knights Templar）的成立，就是為了保護朝聖者完成其虔誠的旅程。一路上的教堂和庇護所提供了遮風擋雨的住所，以及建議和協助。我特別感興趣的是阿拉伯摩爾人沿聖地牙哥之路入侵對基督教世界所造成的影響。當時的衝突和今日的相似度令我驚訝。對阿拉伯人而言，基督徒背離正道，是撒旦的同夥。對基督徒而言，阿拉伯人是未開化的異教徒，靠武力維持權力。情況在現今並沒有多少改變。這兩種觀點我都不完全了解，但不久後，我就會開始明瞭我的困惑源自何處了。

離開聖尚比耶得泊是一場艱苦的試煉，因為馬上要一路爬升進入庇里牛斯山區。我不習慣稀薄的氧氣，也還沒有調整好自己的步伐。我看得出安娜打算的步調比我慢，我不希望走得太前面，怕跟她走散和轉錯彎。我慢下了步伐。我記起作為職業舞者的我，上起緩慢初學者的課程要比令人眼花撩亂的進階課程還要困難。前者的動作較劇烈、較專注，也較痛苦，因為我已經學會了怎麼省力。在這裡也是同樣的道理。

我們一路往上走了約五公里半（將近三英哩半），四周全是榛樹、栗樹和白山毛櫸。就算是在這種上氣不接下氣的狀態下，我依然感到快樂。這些山景美不勝收。牛鈴叮咚作響，迴盪在樹林間。遠處旅人傳來的對話有丹麥語、法語、西班牙語以及德語。步道旁有黃色箭頭指引，有時候是毫不講究地就畫在草地和石頭上。黃水仙、毛茛和紫色的花兒環擁群樹。我想起小時候的某天，我在走路上學時看到了一片美麗無比的花叢。我停下腳步注視它們的美，我記得自己那一刻是快樂得全然忘我。事實上我覺得我和那些花朵融為一體了。我變成了它們，變成了那些花朵的意識，絲毫沒有六歲小孩的塵念。那一刻一直留在我心裡，我告訴自己只要我願意，成年生活的意識也可以是那個樣子。這事道出了我已經學到的一點：我們都是萬事萬物的一部份，萬事萬物也是我們的一部份。然而，是什麼阻礙了我們，不讓我們在需要的時候回到這個真相？而我們這一輩子就都要活在那樣的心智、身體和靈性狀態中嗎？為什麼我們接受受苦是我們存在的標準？看起來世上的所有宗教都教導受苦是人類的自然狀態。

我正想著這點，就感覺右腳開始起了水泡。我停了下來。這麼快？這麼快就發生了嗎？先前我已在腳上抹了凡士林，也覺得這雙鞋很合腳。我坐了下來，放下背包，脫下鞋襪，想起以前上芭蕾舞課也常起這種水泡。我立刻貼上膠布好讓皮膚不再直接受到摩擦並且祈禱。

我感到背脊微微傳來一股涼意，感覺被某個生命體環繞。我認出了那個存在的振動。我甚至知道那是什麼。那是一個天使，我感覺祂的名字叫艾瑞爾（Ariel）。是的，我事實上感覺是被一名叫做艾瑞爾的天使造訪，然後祂開始在我腦裡對我說話。我分不出那天使是男性、女性或兩者皆是，祂就像一個沒有性別的靈體。「不要害怕妳的肉體。」祂說，「學著在這種體驗中得到樂趣。妳的旅程就是要學會這一點。調整自己進入體驗裡，拋開妳達成目標的取向。這條路就是目標。」

4

然後振動似乎消散了，彷若天使已經離開。我背好背包繼續前行。水泡長在我右腳上，我知道右腳是由左半邊的大腦所控制。左腦控制線性的邏輯思考，也是目標取向的策劃者。我知道這就是我的問題。天使艾瑞爾是我自己在跟自己說話嗎？還是這個天使是個獨立的存在體？然後我領會到，這之間並沒有差異。我們是每個人、每樣事物；每個人和一切事物也都是我們……這也許是一種神祕和深奧難解的觀點，但在我看來，那聲音無須被探究。只要它給我合理的好建議，我就會聆聽——而且要是我不同意它所說的，我恐怕也就不會聽見了。

於是我繼續走在庇里牛斯山，渾然不覺那個水泡。我想像著昔日的光景，阿拉伯人、羅馬人、查理曼大帝和他的軍隊、拿破崙、聖方濟和數以百萬的其他朝聖者，他們都跋涉過我現在所走的這條羅馬古路。我邊渴望回到那些時代，邊努力進行這艱苦但崇高的任務，帶著樂趣向前邁進。

安娜和我越過了法國和西班牙的邊界。在西班牙這一邊，步道進入了一片濃密的山毛櫸林，沿著珊果阿山（Mount Txangoa）北脊延伸。經過埃莉薩拉遺跡（Elizarra）之後沒多久就是桑朵瑞隘口（Lzandorre），我明白到我不可能記住經過的所有地名。我在一處飲水泉旁邊停了下來——我後來發現每個村子裡都有飲水泉在等著我。西班牙北部村莊的純淨飲水泉使跋涉聖地牙哥朝聖之旅成為可能。

我們在更多的山毛櫸林間走過了意芭涅達山口（Ibaneta Pass），進入隆賽伐耶（Roncesvalles）。此時已經入夜，我已經走了二十公里左右，差不多等於十二英哩半。

有兩項偉大的傳統在隆賽伐耶交會：朝聖者的傳統，以及查理曼大帝的歷史和傳說。據信這裡是最早迎接朝聖者的地方之一，許多世紀以來都受到全歐各地權貴人士的捐款資助。

隆賽伐耶在史學家眼中具有神話般的地位。查理曼大帝與阿拉岡及巴斯克軍隊在此曾發生多次著名的戰役（譯註：阿拉岡與巴斯克現為西班牙的兩個省分，但古時各為獨立王國，至今仍保有強烈的地方意識、講自己的方言，尤其巴斯克向以民風強悍著稱，有訴諸暴力手段的激進獨派組織ETA）。西元七七八年在此地的一場大戰中，阿拉岡和巴斯克軍殺死了大批正在撤退的查理曼大帝軍隊的後衛。查理曼大帝麾下的聖騎士（稱為「十二勇士」）中最偉大的羅蘭（Roland），也是在此英勇戰死。這些我都是在做行前準備時從書上讀到。但要學的東西還多得很，我很快就會發現了。

終於，安娜和我抵達了隆賽伐耶的庇護所，筋疲力盡而且可以說不折不扣地帶著疼痛的笑容。

4

簡陋黑暗的營房裡滿是朝聖者。每個人都睡著了，有的打鼾、有的咳嗽。今晚就將如此度過嗎？我們各自找到一張沒人佔的上鋪，把背包放上。我們飢腸轆轆，循著光源來到了相連在營房後面的一間小酒吧。走進煙霧瀰漫的屋內，有人端上油膩的蘑菇湯。這湯令我反胃，但我們沒別的食物可吃。是的，今晚就將如此度過。

我們回到營房，因為太暗了，找不到浴室在哪兒。我滿身是骯髒的泥土和冷汗，爬上床倒了下去。我在耳朵裡塞上耳塞，出乎我的意料，我很快就睡著了。

那一夜，我想我夢見了差不多所有我交往過的男人。我幾乎像是在夢中清滌這些關係。我跟他們已經沒有關連了，接下來可以用另外的方式運作我的性特質。那些夢境並不清晰，我和他們在一起時相互帶進的包袱交錯出現。我可以感知到，在每一個關係裡，我和他們都不曾完整。我們都是在尋找一個能填補我們自身空缺的人，而不是歡慶我們自身的圓滿和實現——我們都在試著找到真正的自己所失落那一半。

我對這個夢感到驚訝。它似乎跟我白天所做的事情沒有關係。

一對大聲爭吵的德國人把我吵醒。營房中的其他人不安地翻來翻去。怎麼會有這麼不體諒別人的一對？我戴著耳塞看了他們一會兒，彷彿是在水底看著某個場景。慢慢地，其他人起床、伸伸懶腰、穿好衣服離開，那對德國人還在吵。他們塊頭大而魯鈍，渾然不覺他們所造成的困擾。

安娜和我洗了冷水澡（沒有熱水），對某些人的行為大搖其頭。我曾讀過一段話：「朝聖者的舉止應該是體諒別人、謙遜、自我犧牲、友善、感恩的，絕不挑三揀四、強人所難，並且隨時克制自己不製造困擾。」

我們決定那對德國人應被看作老師，他們的行為是要我們學習不去批判。沒錯，我這麼想。我要學的還很多。

在小店買了些優格和堅果後，安娜和我向皇家牧師會修道院走去，這是一座十三世紀的建築傑作，我們在那裡參加了一場祝福朝聖者的彌撒。雖然彌撒是以我聽不懂的西班牙文進行，但我覺得非常感動。我們聽說這裡存在著查理曼大帝的能量，因為他在此建了一座墳，紀念死在隆賽伐耶戰役中的麾下官兵。我祈禱並立誓走完聖地牙哥之路全程，不因任何事半途而廢；老樣子又來了，我自忖。就連在一開始，我都是以最後的目標為導向；我想到卡拉巴沙山的那張長凳，但並沒有幫助。

就在我對身邊的歷史驚訝好奇的時候，我感覺背後有人在注視我。我轉過身去，看到一個很英俊的年輕男子。他看起來三十四、五歲，一頭濃密的深色頭髮，眼睛像兩顆黑橄欖，輪廓很適合印在郵票上。他沒有轉開視線。

4

我轉回身來。

安娜和我禱告完，走到山坡上的一家餐廳。在我們吃飯的時候，教堂的那個男子走上前來。他在我身旁坐下時整個身體似乎都在顫動。他用斷斷續續的英文害羞地說，「我在妳眼中看見某種熟悉。」哦，老天，當然啦，我想。然後他說他是幫助朝聖者的志工，問我有沒有需要他服務的地方。我說沒有，我不需要任何服務。他眨眨眼，明白了我的意思，隨即離開。

安娜對我使了個眼色，我們沒有再說什麼。

我們拿小冊子去蓋了章，沒精打彩地逛了逛隆賽伐耶，然後去吃晚飯。那個年輕男子又出現了。他為之前的唐突道歉，接著問我有沒有一位聖堂騎士能夠確保我在聖地牙哥之路的安全。我說沒有，也不認為有這個需要。他似乎是從另一個時空說話。然後他打破俗套，解釋說他很高興只有他一個人認出我來，說我是他從小就最喜歡的女演員。我輕笑了起來，因為這些日子來我聽這話聽得太多了。他說他很不會講話，但因為受到我的吸引，使他情不自禁。

我開始動搖。前一天晚上的夢是什麼來著？洗滌過去？

安娜識趣地離開了，我們繼續交談了一陣。他名叫哈維耶。他問我目前的感情狀況。我

說沒有。然後我發現我對他承認自己很難受到同齡男人的吸引，因為他們跟不上我。他的眼睛亮了起來，英文也變得比較流暢。我們很愉快地吃完一頓飯。然後他開始變得非常擔心，對於餐廳裡其他人會怎麼想幾乎是恐慌了起來。很奇怪。

我說我該去睡了，問他是否要我在走完聖地牙哥之路後寫信給他。他說不要，他家人會不高興。他說他想和我在聖地牙哥之路上同行，但他已在幾天前對某些人做了承諾。我說沒關係，然後我們起身離開餐廳。

接著他說了一句真的很奇怪的話。也許是因為他的英文的緣故。「我們要不要找個地方紓緩自己？」他問。我不知道他是什麼意思。他說的話是帶有古趣還是猥褻？我們正好走到一間小旅館門口。一個男子走出來。「你們要房間嗎？」他問。我在想不知這是不是設計好的。「不用，謝謝。」我回答，「我需要休息。」

年輕人看著我，眼中充滿失望。這時下起小雨，伴著幾乎像是在說話的微風。然後他轉身走進湧起的霧裡。「妳是我的童話天使。」說完就消失在霧中。那感覺好孤單、好像夢境，我彷彿覺得又遇到了另一場夢。

我想到卡拉巴沙山步道上的那個拉丁裔男子。他們兩人是否都是我顯現為真的夢境，好讓我了解某件我尚需學習的事？

4

我回到眾人聚集的庇護所。安娜準備要睡了。她看看我，只說了一句：「沒有？」

「沒有。」我邊答邊爬進上鋪，納悶這到底是怎麼一回事。

我在睡中輾轉反側，質疑性在我生命中扮演的角色。一個我這把年紀的女人想要來場短暫而愉快的雲雨似乎並不得體。但為什麼？安娜說過聖地牙哥之路會提供我許多由我來決定是否接受的體驗。我是不是因為太保守而且擔憂我這個年紀的外貌，使得自己無法自然地從心所欲？我以前從來不是這樣的。反正年齡又有何意義？我仍然有好看的身體，對性也跟一般人一樣感興趣。或者，我真是如此嗎？

自從我的靈性成為我生命裡具體的一部分之後，有些事情改變了。現在我可以感受到「能量」，那不只是活躍的賀爾蒙而已。我渴望跟另一個人「融合」，而不只是跟他性交。但那種渴望事實上也已經消散。

我覺得自己更完整了，而當我回首我的性愛史，我也知道驅策我的不只是賀爾蒙，每一個吸引我的人都有某種靈魂的認知做基礎。賀爾蒙促使我去深究每個伴侶和我之間有何共同點。跟他們每個人在一起的時候，我都知道自己感覺到一種自在的熟悉感，這通常會引導到這感覺到底是不是真實的討論。神話提到靈魂的重聚有各種原因，但好些年前我已為自己決定靈魂的重聚並不是神話。我可以誠實地說，當我認出了某人靈魂深處的某樣東西，那就足夠了。他們的興趣是什麼、長相如何，或是今天跟我有沒有任何共通處都不重

要。如果我認出某個來自「昨日」的東西，那就是一股動力。可能是他眨眼的樣子，不經意間的吃驚神色，或任何不為求表現而刻意修飾過的東西。我感興趣的是意識下的事物。那是吸引我的地方，而且它讓我有可以探究之處，能夠維持我的興趣與關注。一個「看起來是怎樣就是怎樣」的人或許曾讓我覺得比較自在，但那種關係不會持久，因為沒有什麼神祕可以探索，沒有靈魂的連結。

回想起來，吸引我的通常是「難以了解」的男人。那種交織著繁複的混亂，讓人難以看清他們真正模樣的男人。我們會一起細讀彼此，通常是直到他感覺隱私被侵犯了，而我則不留情地說「這又怎樣」。我急於我的隱私被了解，就像我急於要了解我情人的內在一樣。但男人在感覺到幾乎已沒剩下什麼可以隱藏的時候，他們就會劃出界線。在我看來，人類的問題就出在這裡。太多男人隱藏他們私人的議題了，於是挫折感逐漸累積，直到爆發，然後他們決定變成保護自我的戰士。在那時我就會感到無聊而失去興趣（我不喜歡作戰）。我交往過的男人通常會宣稱他們對自己多了許多認識（用的詞通常是「伸展開來」），並對我的離開鬆了口氣。但對我來說，離開的是他們。他們離開了某個把自己鎖起來的監獄，卻只是要找一個能適應他們的恐懼，並且不要求他們成長的女人。舒服地待在加諸己身的監獄裡，比真正去瞭解自己要來得容易。所以女人會抱怨「男人就是不肯表達自己的感受」。我想事情之所以複雜就是因為如此。

如今邁入六十大關的我已經不再對許多關係裡伴隨而來的遊戲感到興趣。如果我真的有興趣身邊要有個人，那麼對方必然要跟我有同樣感受。除了真相之外，有什麼好保護的？真相不只是從童年到現在發生了什麼事，還有那些或許早在這輩子之前所發生的事。

我在過去的關係裡，從未堅持探究這些問題，但現在的我已準備好要這麼做了。除此之外，我們還能如何知道我們真正是誰？而這不也正是親密關係存在的原因嗎？

當終於入睡後，我夢見我騎在馬上，朝著落日而去。我看著夢中的自己，像是來自另一個時代，但那條路看起來好熟悉。我穿著像是吉普賽的服飾，有著閃亮的裝飾品和鮮豔的色彩。我有一頭黑色的長鬈髮，膚色像卡布基諾咖啡。我在馬上奔馳，感覺自由，但又像是在逃離什麼。突然間，我勒住馬停下了來，視線望向樹林裡，我看見了白天遇到的那個深色頭髮的年輕男子哈維耶。他看起來長相不一樣，但不知怎地，我就是知道那是他。他身邊是一個膚色非常白皙的年輕女孩，但她不想跟他在一起。她的態度令他感到挫折。他抬頭看著騎在馬上的我，起身說，「我沒辦法做到。永遠沒辦法。到底是哪裡不對？」他說的不是英文，但我卻聽得懂。在夢中，他的眼神灼印在我的腦海裡。他在發抖，渴望得到幫助。我回頭望向那個在追我的某人，然後彎下身把年輕男子拉上馬來，想救他離開那個地方。我知道我認識他，但不知道為什麼。男子開始哭了起來。我低頭看著那個白皙的女孩。她鬆了口氣，她將會被那些追趕我的人營救。那個年輕男子坐在我的身後，我雙腳一踢馬的側腹，疾馳而去。夢中最後一個影像是我用第三人的視角看著自己，長髮飄揚風中，年輕男子抱住我的腰，我們向西奔馳。遠處是穿戴盔甲的軍人。為首的士兵高舉著一

個十字架，追著我快馬朝西方飛奔。

5

翌晨，安娜和我出發前往祖比立（Zubiri）。我們辛苦地在傾盆大雨裡的泥濘地前進，身披防水的披風，看起來像駝背的女巫。我的雨披是黃色的，安娜的是紅色。一隻身上的長毛滴著閃亮水珠的柯利牧羊犬，停下來直盯著我們看，彷彿牠從沒見過這種幽靈。

我很喜歡這種身上穿著可攜帶式防水屋的感覺。我是一名朝聖者，步調緩慢，但終將抵達目的地，就像一隻移動的烏龜。

我們走過田野，經過沉默的牛群、羊群、豬隻和馬匹。牠們都佇立在那兒，彷彿淋濕得出了神，動也不動，沒有注意到我們。牠們有如置身安全的天堂，知道所有自然界的掠食者在雨中都進入了上帝所賜的潤澤的出神狀態。這是大自然對所有潛在的擾動要求休戰的方式。動物們似乎了解一種無形的和諧，並尊重彼此的差異。

我可以感覺到行走時脊椎的伸展，背包則輕輕按摩著我的腰。我甚至沒感覺到我的水泡。也許它已經消了。我注意到路旁有根木棍，我把它撿了起來。它讓我想起母親年老時

用的枴杖。我停下來綁鞋帶，走的時候沒有帶著那根木棍。也許該陪伴我的不是它。沒有其他木棍對我說話。過了幾哩路，我看見了另外一根。它是彎曲的，像新月一般向內彎。我撿起來，它很適合用來支撐，儘管看起來像老太婆丟棄的枴杖。我問它是否想跟我同行……是的。我剝去了一些鬆垮的樹皮，跟它做了朋友。我想跟這根手杖同行，不想失去它。我決定，如果我們一起走到最後，我就把它帶回家。

靠著這新朋友的支撐，我雙腿的疼痛減輕了。我還多了新書，一本兩磅重的指南手冊，我可以感覺到它在我背包裡的重量。

為了得到啟發，一定要受苦嗎？不，這是對生命的舊式看法，我想。宗教對受苦的堅持不應該是新時代（New Age）的一部分……不論是基督教、回教，還是印度教的受苦。我想到以前聽過的，關於一名印度教苦行僧終於來到了天堂門前的笑話。在被引進門前，他拿到一份古老文本供他思考。他都瞭解文本寫些什麼，直到有段文字讓他哭了起來。上帝問他為什麼哭。這個老人看著上帝說，「這上面說的是『慶祝』（celebrate），不是『禁慾』（celibate）啊！」（譯註：英文中 celebrate 與 celibate 此二字拼法及讀音相近，celibate 亦可解釋為獨身者。）

不，我不接受受苦，我會繼續慶祝各種可能性，明白我的信念能創造出我的實相，不論人類在流逝的光陰中有著怎樣的歷史。是的，我很單純，充滿了天真的驚嘆。我不想向憤

5

世嫉俗投降，也不想失去我有如孩子般的樂觀。然而我確實需要知道是什麼讓我成為如今的模樣。是什麼讓我確信，我靈魂所知道的比我心智所知道的更為真實？

我邊走邊環顧四周。這片山坡非常神祕，蘊含了許多寶貴的經歷——如果我們願意對它們開放，傾聽它們的話。

我用新朋友來支撐身體向前行進，差點在泥濘中滑了一跤，但它保持住我的平衡，不過也讓我右肩一陣抽筋。我把手杖換到左手。這樣我雖控制得沒有那麼好，但學習對左右手同等依賴是好的，因為左手畢竟是連結著陰性的右半腦。平衡對保持重心是必要的。

森林裡點綴著閃著微光的黃色金盞花。看見它們，讓我想起我好幾個小時沒看到黃色箭頭了。我想事情想得太出神了。我是不是走錯了路？我環顧四周尋找安娜，沒看到她。雨讓身後的景物一片模糊。哦，天哪，我迷路了，我想。而我的確是迷路了。我發現自己正站在泥濘的懸崖邊緣。我記起曾聽說許多朝聖者在聖地牙哥之路受傷，被迫在庇護所停留好幾個星期直到痊癒的事。很少有人喪命，但這種事還是發生過。

我停下腳步。四周是一片泥海。好吧，我想，這還真是極端。剛剛我還走在天堂裡，接下來就感到有些驚慌，因為我迷了路、友人不在身邊，而且又有墜崖的危險。我往前踏出一步。泥巴像冰面一樣滑。然後我意會到有某樣東西在保護我，我不太確定那是什麼。我試著把手杖插進厚厚的泥濘時，手杖像是縮了回來。土地本身似乎有它的知覺，提出了警

告，防止我滑倒。是大地之母伸出手幫我的忙嗎？我想起有一次走在加州山上，我沒想到會那麼快日落，結果我在黑暗中下山。但那並非一片黑暗。土地本身散發出一種微光，足以照亮前方的路徑。當時我非常吃驚，後來我告訴一位印地安朋友，她說，「哦，妳不知道嗎？」我覺得自己很笨，對大自然的奇蹟居然沒有覺察。現在大地之母又在照顧我了。為什麼我們要摧毀她，絲毫不顧念我們其實彼此深深相屬？

很微妙地，我再次感覺到我的天使的臨在。艾瑞爾跟我在一起，我想。「感受孤單的感覺。」祂在我腦中說，「剝除所謂的安全，跟大自然合而為一，只與妳自己同在。」然後又消失了。

我深吸一口氣，開始往回走，現在我確定我是沒注意到而錯過了黃色箭頭。我必須勤奮地走，每走幾碼就回頭看看黃色箭頭，我心裡想。我必須找到感覺的中庸之道，保持平衡和醒覺，但也容許其他的次元引導我。

我在雨水和泥濘中回到原來的路上。穿過樺木林，穿過濃密的森林和上下濕滑的山坡，完全仰賴我的手杖和土地給它的訊息。風勢大了起來，挾著細雨打在我身上。我想到庇護所裡的舒適。那些打鼾的人，那些開開關關的窗戶。我聽見不遠處的路上傳來的車聲，想起之前我也聽過那樣的引擎聲。

我往下走到一處鬆動卻仍豎立的岩石山坡。許多石頭隨著我的走動落到底下的河床，慈

5

悲地閃過了我。查理曼大帝和聖方濟也帶著大批軍隊和眾多追隨者走過這裡嗎？他們當時在想什麼？是什麼讓他們走這麼一遭？是什麼讓我這麼做的？我為什麼在這裡？現在，我正往回走，順著原先的足跡。這就是它的意義嗎？帶著另一種視野追溯我曾去過的地方？我往前看，安娜就站在那裡，身上的紅色披風滴著水。「這裡。」她喊道，「黃色箭頭在這裡。」我艱辛地朝她走去，泥濘高到我的小腿肚。

「有人搗亂，把箭頭指向錯誤的方向。」她說，「聖地牙哥之路迫使妳認清什麼是真相，什麼是人類的伎倆。人生就是這樣，嗯？」她輕聲笑著表示。「我直直走到人家的穀倉去了。」她說，「有隻狗攻擊我，我生氣了，對牠尖叫，然後牠就走開了。」

如果有隻狗攻擊我，我會怎麼做？我納悶。我這輩子一直養狗，自認了解牠們。但如果並非如此呢？

安娜說如果狗的攻擊變得猛烈，她會停下來祈禱。我懷疑自己是否能有那樣的鎮定和沉著。我在書上讀到關於聖地牙哥之路的狗，有本書的作者顯然被一群由一隻特別兇狠的黑狗帶頭的狗群攻擊過。依他的描述，當時他有性命之虞。事情發生在奉瑟巴東（Foncebadon）的廢棄村落，那裡距離我現在的地方約有兩星期的步行路程。我在考慮聖地牙哥之路的時候，確實對奉瑟巴東的狗群感到恐懼。我真的有被嚇到……。這事我稍後再想吧。

休息了半小時，安娜和我繼續前進。要是沒有她的陪伴，沒有一個做過這件事、來過這裡的人，沒有一個會講西班牙文而且具有足夠自信的人，我該怎麼辦？我們跟著正確的黃色箭頭行走，穿越松樹、樺樹和橡樹，向上爬升。在快要回到主要道路時，我看見一條名為「羅蘭的足跡」的石子路——那位傳奇性的騎士曾在此逗留歇息。這條石子路通往昔日的Venta del Puerto（山口客棧），現在那裡成了牛棚。時間並不尊重歷史。我們人類要靠自己發掘出自己的過去。

我們走過一條通往祖比立的橋，然後經過一間古老教堂旁的飲水泉。我們停下腳步，將水瓶裝滿清澈的泉水。這水實在清澈可口。我坐在飲水泉旁把腳抬高，做出了結論：我人生中真正需要的是一雙好鞋、一根忠實的手杖，還有純淨的水。

數小時後我們抵達一個村莊，進入一間滿是男人和煙霧的酒吧。那些男人正對著一台小電視上的自行車比賽大叫大嚷。我們走進去的時候，他們轉過身來鼓掌。

我們要再走五英哩，才能到達祖比立的庇護所。天黑前我們走得到嗎？我想起了加州山上的土地所發出的光，而在我們跋涉的途中，我曾停下腳步看著一堆其大無比的糞便，上頭聚集許多蜣螂（一種甲蟲）正在享用。儘管旁邊有其他糞堆，牠們卻全都聚在同一處。牠們為什麼不分散開來？牠們跟我們經過的那間酒吧裡的人群，或佛羅里達州那些擠在泳池旁，卻放著廣闊海灘不去的人們有點相像。我們又上上下下跋涉了兩座山頭。雨停了。

我們到達祖比立，那裡卻沒有庇護所。自安娜上次來過後，庇護所不知為何沒了，而如今用來收留朝聖者的那所舊學校也滿了。換句話說，就是沒有住宿的客房了。

天已經黑了。要走到下一個村莊還要四英哩。每當有車子經過，就會帶起一陣風，車燈也照亮我們前方的路。駕駛常常會按喇叭為我們加油，向車窗外喊：「烏特瑞亞（ultreya）。」

「那是什麼意思？」我問安娜。

「意思是勇敢向前走。」她回答。

6

我們終於在晚上十點抵達拉拉索安涅（Larrasoana）。我們打從一早便在泥濘和雨水中步行，已經走了二十五公里——等於五十英哩以上。

營房裡每個人都睡了，黑暗中迴響著打鼾和沉重的呼吸聲。我找到了冷水浴室，脫下衣服一看，左大腿內側有一處擦傷。安娜有A＆D藥膏，我塗了些。我還以為該帶的東西都帶了。浴室裡沒有蓮蓬頭，只有一個水可以流出來的孔。我洗了頭，雖然小毛巾擦完身體已經濕透，但我還是用它儘可能地把頭髮擦乾。我聽見自己痛苦的呻吟，然後大笑起來，把安娜也逗笑了。一切都痛得那麼荒謬可笑。

我們飢腸轆轆地走進庇護所後面的「吃飯間」。男人在這裡抽菸談笑。有人端給我們油膩的濃湯，上面浮著碎雞肉。我們笑得更厲害了。就是這害我們便秘的。我一整天除了梅子什麼也沒吃，但沒有用。我們又笑了一陣，然後回到營房，攤開睡袋放在兩張低處的床上。我戴上耳塞，倒頭就睡著了。

6

第二天早上六點，我在冷水浴室洗了襪子和內褲，把它們晾在背包上，利用走路的時候曬乾。我用廁所的刷子清潔靴子。我已經進入了一種時間模式，不想浪費可以用來步行和完成走到終點目標的任何一分鐘。

在往班普隆納（Pamplona）的路上，我開始走得比安娜快。這是我的自然節奏。有很多其他的朝聖者走得比我還快。

我們經過許多村莊，村裡的中世紀教堂數個世紀以來一直是人們生活的中心。那些教堂裝飾華麗、望之儼然，我可以感覺到四壁間迴盪著過去的祕密。

據說就是在這片土地上，查理曼大帝率領兩萬名基督徒與五萬名信奉伊斯蘭教的摩爾人作戰。摩爾人埋伏了許多天，然後突襲查理曼的基督教軍。在一場爭論誰的上帝才是真上帝的戰役中，幾小時內就死了兩萬人。

查理曼一心要將全歐洲統一在基督教之下，而摩爾人願意為阿拉奮戰至死。

太陽底下的事沒有改變多少。聖地牙哥之路是查理曼的軍隊朝聖的場景。不知耶穌對這位偉大的基督教大帝及領導人有何看法。早期基督教聖徒走過的聖地牙哥之路，變成了一條殺戮之路。但這條路被稱為「道」，因為每一個走過這條路途的人都會發現自己跟身體、耐心、食物、飲水與雙腳之間的關係，以及他或是她對於距離和對上帝的心態。也許

烏特瑞亞的行動應該倒過來，也許我們應該勇敢向後走，如此才能了解我們究竟從何而來、究竟是誰。

我曾經夢過不同時空的過去，當然也有過似曾相識的感覺。我不確定那些夢境和感覺的意義為何，我只知道我向來都對超過我們如今認定的生命經驗感到一種純粹的鄉愁。我不喜歡用轉世這個詞，因為它充滿了宗教和概念上的偏見。我甚至不確定過去的經驗是真的發生在「過去」。我開始愈來愈察覺到愛因斯坦一直宣稱的事，那就是沒有所謂的線性時間，那是我們發明出來的。對我來說，我可以感覺到可能已經發生在「過去」但也活在現在的事物，就彷彿有平行的時間存在著，其中所有的事件全都在同時發生。誰說所有的時間不可以全都同時發生？誰說我們每個人不能是經驗整體的容器，而我們只不過是選擇專注在我們所想要的時刻上？

我記得七歲的時候，我曾站在維吉尼亞州詹姆斯城（Jamestown）的某塊土地上，確切地感覺到幾百年前，我也曾經站在那裡。風吹拂我的臉，彷彿重新帶來那段回憶。只不過那不是真的這世的回憶。是七歲的我有了舊地重遊的感覺。

我曾在世界各地有過這種「回憶」或舊地重遊之感。我一直都在想，或許我熱愛旅行就是因為想要重回其他時空的家。在印度，我知道廟宇和小巷在哪裡。在俄羅斯，我看著俄文字母泫然欲泣，因為我知道我曾經認得它們，但現在卻讀不懂了。在日本，我知道我曾

經是一名藝伎。諸如此類的。我是不是在回溯我的時光之旅中曾經有過的經驗？或者，是否有可能撥動某個時間的開關，現在就進入那些時空中的任何一個？

對此，我記得曾想出一個對我而言簡單可解的意象。如果我站在一面鏡子前注視我的全身，而這個身體裝載了我所有的經驗，那麼在那刻我擁有了我經驗的整體。如果我專注在，比方說，我的一根手指頭上，就只專注在那根手指上，那麼在我專注的時間裡，那根手指就成為我專注的整體。那根手指事實上就變成了一個經驗，但這並不會否定我的其他經驗也同時存在於我身上的事實。意思就是，我所有的經驗都正在同時發生，儘管我只專注於其中之一。

對我而言，這不是感知的問題。我並沒有被鎖在線性的實相裡。我的實相同時涵括了一切。因此，依照我的情緒或對冒險的渴望，我可以隨時調整進入同步實相裡（同時間的各個實相）。有時候，我覺得我無法控制重新啟動專注的焦點。夢似乎就不是我能控制的，然而當我分析夢境，我明白我必然在某個層面上以某種方式控制著我的夢。換言之，我的潛意識是受到超意識的操控，這是為了提供我更多關於我究竟是誰的線索。我的更高意識與上帝（源頭，造物者）相連，而它的存在是要提醒我（我的意識和潛意識），我也是一個與上帝相連的經驗的總和。

然後我發現自己正在西班牙，正走在聖地牙哥之路上，這裡曾發生那麼多的殺戮，卻都

是以人類與上帝的連結為名。

為什麼是這裡？

我一向喜愛老照片，那裡面有我喜歡看的某些讓我感覺熟悉的東西：當時的服裝、道德規範和生活方式。任何與過去有關的，對我而言都是一種既有感情又熟悉的消遣，儘管我從來不認為我能成功演好年代久遠的角色，因為我覺得自己看起來太現代了。也彷彿是因為我知道自己無法再去到那裡，即使是演戲也不行，因為我記得過去實際是什麼樣子，我不想用一層夢幻好萊塢的外罩去玷污它。

我對未來有同樣的著迷，我對其他世界裡的生命也有種熟悉感。所以對我來說，過去和未來都是我現在的一部分。我對時間線的這種理解並沒有什麼古怪或荒唐之處。這些時間線就是存在，就像大自然或天空。換言之，我感覺時間存在於我之內，而非我存在於時間裡。

我走在聖地牙哥之路，自問為何來此。我是不是事實上在往回走，在一個已經存在於我之內的時間裡往回追溯？是的，我想。我來過這裡。

夢裡是我的那個咖啡色肌膚黑髮女孩的影像再次浮現。我每踏出一步，她就變得更為清晰。她騎在馬上走過這條路。她是自由的，但總是在逃離某個追逐她的什麼。她不想受到

注意，除非是她自己做的決定。今天的我太常有這樣的感覺了。我曾經喜歡身為公眾人物的電影明星身份，被大眾矚目是這個職業的一部份。但我也在個人生活中發展出許多逃生路徑，好騙過媒體、狗仔隊或任何想侵入我私生活的人。我的生活似乎像一本打開的書，因為我態度坦誠又從事寫作，但我其實狡猾地隱藏了許多。

即使在旅行時，我似乎也很能避開危險的情境——在不丹逃過一場政變，在蘇聯躲過共黨當局，在非洲東部與馬塞族人一起生活，在秘魯境內的安地斯山區保護自己等等。我的一生的確是一場進化中的學習和演練。

我一邊走，這些念頭一邊在我腦海交織。我這些逃脫和求生的技術是不是跟那個黑髮女孩學來的？

當我行走的時候，似乎感覺到這條路的能量在對我說話。我對黑髮女孩的了解更加清晰了。她是摩爾人，她的雙手有療癒的天賦。她騎馬在聖地牙哥之路來回穿梭，沿路醫治生病的人。然後我看到她跟一個身材極為高大的人在一起，似乎是某位蘇丹（編註：回教國家統治者的稱號）。人們都叫他摩爾巨人。她被召喚到他面前。我可以感受到那個場景。我融入了那場景，與它合而為一；我就是那個摩爾女孩，在一座摩爾宮殿裡。我看不清更多細節，我體驗到的主要是感覺。那摩爾人召喚我來治療他陽痿的問題。他有眾多妻妾，但無法滿足她們。我被下令要療癒他的問題。我還記得我是如何看進他的雙眼，彷彿我的

眼睛就是他的眼睛，漆黑但閃爍著情感。我感覺自己進入那雙眼睛，就這樣靜止了很長一段時間。他放鬆了。然後我舉起雙手放在他肩上。他沒有眨眼。我用與生俱來的天賦，以雙手觸碰他全身上下的皮膚。他的護衛們在一旁觀看。我把雙手伸進一只裝著油的小桶裡，桶是用動物皮革做的。我們的眼睛始終沒有離開對方。他很順從，想要了解這一切。他屈服於我的觸碰的振動，很快有了反應。他的護衛離開，讓我完成治療。摩爾巨人感激地嘆了口氣，舒服地休息著。我躺在他身旁。

幾小時後他坐起身來，他說他要我留在他身邊。我以我的命運是要在聖地牙哥之路運用療癒能力而拒絕了他的要求。他因而發怒，叫來他的護衛把我丟進監牢。牢裡都是信奉基督教的女子。她們蒼白、飢餓、哀號連連，她們對俘虜她們的穆斯林（Moslem，譯註：舊譯回教徒，今則多依原字音譯為穆斯林，其信奉的宗教 Islam 則譯為伊斯蘭教）充滿恨意。這一切都是在我行走於聖地牙哥之路時看到的，我彷彿置身在一種夢遊式的冥想。這段回想猛然地結束。我呆住了。

然後我想到今天的世界。我想到波士尼亞和南斯拉夫，想到基督徒和穆斯林之間的仇恨。我想到伊拉克和海珊和伊朗的那些穆拉（mullah，譯註：伊斯蘭教徒對神學家的敬稱），還有穆斯林與基督徒因古老仇恨所造成的鴻溝。我想到動盪不安的中東地區的阿拉伯人與猶太人之間的仇恨，想到猶太人跟隨摩西在沙漠流浪的那四十年間誕生的一神論。而我也在想，在一神論成為一項神學現實之後，穆罕默德聽到的是否跟摩西聽到的是同樣聲音？

6

為什麼每個人都認為他的上帝是唯一的上帝？對我而言，比這一切更有趣的是，高超的性能力、才幹和侵略性在人類歷史記載中所扮演的角色。不知怎地，性別認同與上帝緊密相連。為什麼？

就在我沿著一條繁忙公路行走，同時活在兩個實相的時候，一輛載著木材的卡車幾乎勾到了我的背包。聖地牙哥之路既古老又現代。現代工程師似乎知道聖地牙哥之路的能量提供了最適合建造馬路的地方。體驗過這「道路」的人當中，有聖人和士兵兩個極端。「中庸之道」是否可能存在於這個世界？每個人似乎在某方面都有極端的觀點，而不同的極端總是在衝突。我們就是這樣「學到」尊重所有觀點的嗎？

除了梅子和倒在水瓶裡的緊急用維他命C之外，我還是什麼都沒吃。安娜則靠可口可樂和香菸過活。我們兩人繼續前進。我一直沒有告訴她我腦袋在想什麼。

我們抵達班普隆納，在一所教堂的地下室找到了庇護所。

那天夜裡我做了噩夢。我從山上跌落、在溪流河川裡滅頂、在岩石上滑倒傾跌。我受了傷且孤身一人、害怕沒有人會找到我、幫助我。我夢見的是現在還是過去？

我醒過來時，發現安娜坐在她的床邊打包。我知道她要離開我了。

「伸出手指著我，」她說，「假裝妳在指控我什麼。」

我伸手指著她。「看到了沒，妳同時也有三根手指正指著自己？」

「是的。」我回答。

「因此我們在評斷別人時，事實上是在評斷我們自己。沒有差別。」

「妳今天要離開了，是不是？」我問。

「是的，」她回答，「從現在開始妳得靠自己了。這就是聖地牙哥之路的意義。」

我快哭出來了。我想起當我十六歲離家時的感覺。我想到我女兒被送上火車前往寄宿學校時，必然也是這種感覺。她是那麼勇敢地試著控制自己的情緒，使得我向她揮手告別時少掉了許多眼淚。現在我也要獨自一人了，在一個說著陌生語言的陌生國度。但也許，它並沒有那麼陌生。也許我是來這裡找出這個真相的。我有種感覺，除非我更深入知道以前發生過什麼事，否則我會虛假地活在這世上，戴著一副使我盲目而分不清方向的面具。

「聖地牙哥之路會讓妳看到過去和未來，直到妳明白妳現在是誰。」安娜說，「妳每天獨自步行的十小時裡不會有其他分散注意力的事。在行走和思索的時候，要保持勤奮和醒覺。我會不時檢查妳的情況。」

我說不出話來。我不想表現出我對自己能力不足所感到的畏懼。要是沒人幫助我怎麼辦？要是別人認出我來，對我幫助太多又該怎麼辦？

安娜把背包的帶子在腰際扣好，抱了我一下，然後走出教堂的地下室。

7

我忍住淚水，很快收好東西，背上背包，拾級而上，走進班普隆納的街道。

我獨行了一陣，不確定是否走對了方向。往西，我想。只要往西走就對了。城市中人群熙來攘往，忙著自己的工作和生活。我不是他們其中的一份子；我是局外人；我是一名朝聖者，對於周遭的這個世界毫無所知。我感到孤立、失去行動能力。這比孤單一人置身鄉間還糟，因為在這個城市裡我感到不自在。我習慣在城市裡有個身分和一個需要擔任的角色。在寧靜的鄉間，就算無處可去，也還可以融入大自然。

我走了一陣子，甚至沒感覺到自己在移動。現在，就在這個當下，我的目標是什麼？是找到黃色箭頭嗎？然後我看到前面幾條街有三個女子，她們的背包上掛著扇貝殼，我知道她們也是朝聖者。我振作精神，試著跟上她們。她們用連珠砲般的西班牙文交談，我在她們身後跟了一陣子。她們也是在班普隆納到處找黃色箭頭。突然間她們停下腳步。她們找到了。箭頭指往出城的方向。我知道我目前走對了路，感覺好了點。她們繼續走下去，我則走向一個電話亭。我從商店的櫥窗看見自己的影像，一副可憐相。

我好不容易才弄清楚如何在街上的電話亭打國際電話，終於成功地接通了在倫敦的凱瑟琳。

當她接起電話，我告訴她我感到……一種悲傷的、令人謙卑的勇敢。她說她也有同樣的感受。「我現在把肯的戒指拿下來了。」她說，「妳替我走聖地牙哥之路。我很快就要離開這個世界了，而妳正在找到新的人生。我會跟妳同行的。」她的聲音開始顫抖，然後她輕輕地掛上電話。

我把話筒掛回原處，聽著路上的車聲。然後我看著自己在商店櫥窗裡的反射影像，伴隨著耳邊的教堂鐘聲，我邁步朝下一個城鎮走去。

我經過古老的納法瑞利亞區（Navarreria）中心的大教堂，傳統上聖地牙哥之路的朝聖者都會來此朝拜。這座教堂富麗堂皇，有許多小禮拜堂，還有一座收藏了該教堂及此地區其他教堂的藝術作品的博物館，這些收藏包括了雕塑和手稿。在我走過的這條路上曾有過血腥戰役，許多教堂紀念並提醒班普隆納那暴力的中古時期的過去。聖多明哥教堂用扇貝殼裝飾著，祭壇上有座聖雅各的雕像。

我跟著黃色箭頭穿過了班普隆納的市郊，跟我的手杖談起這片中古世紀染滿血跡的土地的歷史。我決定了我的手杖是男性，而且它自己知道怎麼橫越西班牙。

7

再度走在鄉間，我不停地往地上看，以免錯過黃色箭頭。地上有許多菸蒂、塑膠袋、報紙、紙盒，還有保險套。人們怎能這樣破壞如此神聖之地？如果以後我的背包變得太沉重，我是否也會丟棄我的東西？

一輛垃圾車從身旁開過。我想起在埃及時去過當地的「垃圾市」。我的西方朋友都嚇壞了。我在那些一無所有的居民眼中，看到了一種認命的安詳。我邊走邊想了一陣子，關於所有物帶來的負擔，以及人們用擁有的東西來定義身分的需要。我感到自由，因為知道我的生存和可能的進化靠的是只擁有我所需要的東西。但問題也就在這裡——一個人需要多少東西？我記得聽過一個故事，可能是捏造的，說德蕾莎修女堅持要耗上十萬元把一間豪華的旅館房間清得光禿禿，好讓她能在那裡安貧樂道。這其中有些不對勁的地方。

我拄著手杖靠在一棵樹上，眺望遠方的村落和小屋，聽著烏鴉呱呱地叫。霧濛濛的山谷裡是一片麥田。我開始信任大地了。我記得父親曾告訴我，他的母親教會他什麼是恐懼，而有一次他在旅行時曾經把錢帶繫在腰上。我現在正是如此，以防有不時之需。

我向肯祈禱，要他請上帝幫忙治癒凱瑟琳的病。我幾乎可以感覺到他在拒絕我，因為他想要她的陪伴。我記得凱瑟琳跟我說過，肯曾說若要證明對他的愛，她就要與他一起沉到底。我猜想這甚至包括了一起上天堂。

一條巨大的毛毛蟲爬過我的腳。我看著牠走在自己的聖地牙哥路途上，不知何時會變成

蝴蝶。

我的左臂麻木。沒有疼痛的感覺。是神經受傷了嗎？

我聽見鄉間的教堂鐘聲，想起了在父親家鄉，維吉尼亞州的皇家鋒（Front Royal）度過的童年，那裡位於舍南朵河谷（Shenandoah Valley）。我們家族裡曾有一番爭論，究竟是美以美教派（Methodists）還是浸信會（Baptists）才真正與上帝相連！狹小的眼界到處都是。

當我抵達女王橋（Puenta La Reina）的庇護所時，遇到兩位正在用隨身攜帶的鍋子煮麵條和臘腸的愛爾蘭女孩。她們認出了我，說我的書帶給她們啟發，然後開始唱起愛爾蘭歌謠、吹起笛子，彷彿要驅散周遭的西班牙環境。她們話說個不停，讓我覺得受到打擾。我可以感覺自己正伸出一隻手指指別人，三隻指著自己。

但她們唱得很好聽，我想起安娜跟我說過一個故事。一名行走聖地牙哥之路的年輕男子有著美妙的歌聲，卻害羞得不敢開口說話，更別提唱歌了。在旅途的終點，有座教堂籌劃了一場盛大的慶祝，但神父無法出席。其他的朝聖者懇求那男孩唱歌。他的歌聲美得讓大家都感動落淚。那些同行的朝聖者知道，男孩因這趟朝聖之旅，生命有了契機。

我逐漸注意到，那兩個愛爾蘭女孩和庇護所裡的人把我當成好萊塢女明星來對待。我想要別人對我和其他人一視同仁，但覺得很難如此要求，因為這會令他們困惑。安娜說過，「要記住妳就是跟其他走聖地牙哥之路的人不一樣。妳背負著身為名人的包袱。要對此有準備。」

每當我被人認出來，我會花些時間思考伴隨我的名人包袱。的確，他們會對我傾吐最私密的感受，因為我似乎讓他們覺得可以信任倚賴。但我很少感到他們是真的在做自己。他們通常表現出他們希望我看到的那個版本的自己，包括他們對我的想法。而我渴望知道他們最深處的祕密。我想知道他們沒有刻意安排的那些面向。我從二十歲起就是個「名人」，大部分關於我的面向都是曝光的，許多人對我比對他們自己和彼此還感到關連。一般人不喜歡讓名人看見他們的缺點，卻很願意吐露他們最深處的恐懼和祕密。也許這是因為他們知道我們經常暴露於大眾之前，因此相信我們可以體會他們的痛苦。

我發現自己不好意思跟那兩位愛爾蘭女孩一起唱歌，因為我是音樂劇的歌舞演員，而我只想跟普通人一樣。唱歌雖然是所有人類在某些時刻的自然反應，但我卻很難不覺得自己是在表演。

在歌唱晚餐過後，我發現了從睡袋底處拉開睡袋的方法，鑽進去睡著了。

我醒來後決定丟掉一件毛衣和一雙襪子。背包的負擔已經成了我的生活。

7

第二天我上路時，名人的包袱冒出來了。有位攝影師拿著相機等在庇護所外。愛爾蘭女孩立刻保護性地擋在我前面，叫他走開。其他的朝聖者則一臉茫然。

接下來幾天，愛爾蘭女孩扮演起保護我的角色，走在我的前面。山上有記者。愛爾蘭女孩把她們噓走。但我知道，消息已經傳開了。女孩們似乎很喜歡保鏢的新角色，這排遣了步行途中的單調乏味。我走在兩個世界裡，一個是安詳沉思的世界，另一個則料想著這份寧靜會受到威脅。

我隨手翻開我帶的小本新約，就像安娜先前建議的一樣。翻到的是：使徒行傳第九章，掃羅前往大馬士革路上的故事。他見到了光。我會嗎？我預期自己在這趟朝聖之旅發生什麼事呢？我問過的其他朝聖者都無法解釋他們為何來走這一趟。在庇護所裡每晚都會談到這個話題。是一股衝動，幾乎是一種強迫作用，引導我們暫時放下生活中的一切來到西班牙，我們沒有一個人知道為什麼。事實上有些人是逃到聖地牙哥之路。一個丹麥人撞見妻子跟別人有染，因此帶著狗來西班牙，好把人生想清楚。一個患有關節炎的女子認為走這趟路的運動和這裡的能量或許能治好她。但沒有人真正了解他們靈魂的理由。這裡頭存在著比**當下**更深刻的東西，每個人都在討論這一點。

我走進高達腰部的麥田，然後穿過蘋果園。被風吹動的樹葉灑著斑駁的陽光。

有一對來自荷蘭的男女看起來快被背上的家當壓扁了，彷彿他們是逃離戰爭的難民似

7

的。

我跟愛爾蘭女孩走散，錯過一座橋，迷了一天的路。我一點都不感到困擾。我的嗅覺變得比較敏銳，而且因為迷了路，沒有遇到記者。

我開始感到幸福，正帶著沉思的心境輕盈地向前行進，這時一隻狗不知從哪裡跳了出來，顯然是要我滾遠一點。牠擋住了我的路，我既不能後退也不能往邊邊走，因為路太窄了。我突然面對著向來最害怕的情境。牠凶猛地對著我吠，這時我明白自己不像安娜，沒有辦法在這種狀況停下來祈禱。我很快地思考，然後舉起我信賴的手杖，想到我的霍皮族朋友告訴過我：「想像一顆紅心，在其中填滿愛，然後不帶敵意地朝那隻狗投射。」我在腦海裡畫出一顆紅心，盡可能填入我所能聚集的愛，然後傳送給那隻狗，不過我還是高舉著手杖。然後，我決定離開那條路繞過牠，儘管旁邊有很多矮樹叢和障礙。牠對我嗥叫，但我繼續想像著那顆心也繼續行走。牠好奇地注視我，看著我又走回到這條路徑。就在牠一發現我已經巧妙地繞過牠繼續前進，牠再次朝我衝了過來，要給我點顏色瞧瞧。我拔腿就跑，背包上下顛動。牠追了我一陣，我一直跑到牠放棄為止。

我停下腳步，回頭再看時，牠已不在視線裡。我喘著氣，又多了另一個作痛的水泡，我開始比較起狗和新聞界之間的相似處。兩者都成群結隊，也都「迫使」你了解眼前的事實。我跟新聞工作者的關係向來頗為友好，曾先後跟兩名很不錯的新聞記者居住多年，我

欣賞他們的好奇心和想得知別人真相的強烈渴望。新聞界使文明保持誠實，但他們也可能變得具有侵犯性甚而到了殘酷的地步。為了報紙銷售量或電視收視率，他們常常偷跑犯規，但大眾對名人消息上了癮、胃口無法被滿足，也是助長八卦小報歪風的原因之一。我認識的新聞工作者通常都很公正，也認為查證消息來源是必要的。然而，當他們報導形而上學或靈性方面的事情時，往往就變得不夠公平，他們的偏見幾乎是完全基於他們感受到這些主題的威脅。大部分的記者都對自我探索不感興趣；他們在不能讓信念影響到客觀性的錯誤觀念下工作。他們認為有必要表現的嘲諷挖苦反而說明了他們本身是什麼樣的人，而不是他們所探查的對象。因此我與記者之間的關係在他們把我當作「真實」世界的一部分時——我的演出，從事的政治運動，對旅行的興趣，甚至我用冥想來減輕壓力的文章，多半是正面的反應，然而談到我對轉世或透過前世療法療癒的興趣，或我對幽浮活動及其他不被科學承認為「真實」事物的想法時，他們就會持負面態度。而當有影評人以我可能運用了前世經驗來評論我所飾演的角色時，就會被看做是不夠專業的言論。

狗就像記者，他們會檢驗你的真相。如果我正幸福地走著，自認與上帝合一，雙腳踩在地上而思緒飄到雲端，齜牙咧嘴的狗或記者們的確能檢驗我究竟有多寧靜、多受啟發。我在瞬間領悟了這點。我希望我可以改進。我可以說那隻狗引發了我最深的敬意，促使我認真去想該如何平息我的恐懼，尤其是前面還有奉瑟巴東的狗在等著我。

要應付記者就比較複雜。他們安於詆毀人類情感的靈性。當科學說直覺或靈性信念無法

證明任何事，記者接受那一套。如果科學說客觀觀察無法透過意識來達成——不理會心靈的洞見，說那頂多只是偶發的開悟事件——媒體也會同意。

新聞界和科學對這個世界的感覺並不真的尊重。它們各自偏好集體觀察，將那樣的共識稱之為事實。科學家和記者彷彿從來不允許自己有人性似的。事實上，他們才是人類社會中的異類，企圖藉由共識建立起一個依賴他們和沒有能力感覺的新種族。如果一個人不是他們定義下的「理性」或具有科學傾向，就會遭到排斥。

靈性是真實發現自己感受的能力，它可以被定義為一種與神感應的狀態，而當你的情感與神性結合時，你就更能了解自己是誰。基本的真實情感將會得到復甦。

宗教試圖把一個人的信念和舉止塑造成社會可以接受的形式，來滿足對這些的渴望。宗教試圖拴鎖住人類感情的疆域，結果造成了有如空殼子般的人。科學尋求擺脫情緒和靈性，尋找對知識和事實的共識。科學認為情感會破壞客觀性，但對我來說，客觀性根本從不存在。因為實相始終是個人認知的問題。

我逐漸看出，聖地牙哥之路本身是一段多個宗教派系之爭的歷史，每個派系都宣稱自己在靈性上是最優越的。但教會以基督教為名曾經囚禁了那麼多人，不管多麼暴力；如今科學囚禁了靈性，不管多麼不屑。

記者從監獄看守者的觀點來報導，同時卻宣稱自己很客觀。

人類的獨特之處就在於我們對情感的覺察。記者們卻合力嘲弄並使之窒息。個人主義的真正勇氣就是在於追隨自己熱情的能力。真正的異類是那些跟支持感受／感情能力疏遠的人。如果我們能與自己的情緒和平共存，別人就無法指使我們進行殺戮。如果種種社會建制不幫助我們探討自己的感覺和情感，我們可能不會懂得尊重，終致離棄情感並變得暴力。

人類的道德職責是透過內在所感受到的神性來尋求喜樂。

我想，我走這趟聖地牙哥之路就是為了要重新感覺自己的人性。往洛斯阿可斯（Los Arcos）的路上，我在艾斯黛亞鎮（Estella）稍事停留，在一家店裡買了頂較不容易被認出的帽子和一條Erace來塗抹曬傷的地方；虛榮心是永遠存在的。我右腿的肌肉有點拉傷，我也開始聞到身上坎博萊布料（capoline）襯衫底下漸增的汗味。棉布穿起來比較沒味道，但不如坎博萊乾得那麼快。汗水很快就被微風吹乾，但留下的味道很刺鼻。我是一個很挑剔的人，尤其在嗅覺上。這樣讓我太不愉快了。

我買了新的蜂蠟耳塞，這種塞在耳朵裡比較舒服。

就在我要離開這個鎮的時候，我的目光瞥到一份報紙。我就在頭版上！我現在的帽子和

7

背包一眼就能被認出。很快地，我戴上新帽繼續前行。沒有人注意到。

現在我第一次感到渴望逃離的痛苦。逃到任何一個我可以獨處、不會被認出來的地方。那幾個愛爾蘭女孩在前面幾英哩處。我快步走進鄉間，在一棵樹下坐下。不久就靠著背包睡著了……

影像在我腦中來來去去。我感到心煩。接著發生了一件我不太了解的事。我不是真的在做夢，但我不知道除了做夢外還能怎麼形容。我跑在這條路上，暗色皮膚，身材苗條，一頭黑髮，穿的衣服跟我上次夢裡的一樣。但這次感覺似乎不只是夢，感覺既熟悉又真實無比。我在試著要避開一群互相打鬥的士兵。其中一批是白種人，舉著十字架戰鬥。另一批是暗色皮膚，揮舞著長刀。他們穿著色彩鮮豔的長袍，所講的語言讓我覺得是自己的母語，但我卻聽不懂。我奔跑著穿過森林，直到看見一堆營火。有一個舉著十字架的士兵聽見我的聲音，把我攔下來帶進一處營地。我知道這裡是「基督徒」的營地。一個士兵斜眼瞄我，另一個向我走來。他喝醉了，正在哈哈大笑。我站在那裡看著他，不知要如何反應。然後一個穿著僧侶長袍的男人從暗處走了出來，擋在我和斜著眼瞄我的那名士兵之間，並帶我走進了一個營帳。裡面有枝蠟燭搖曳著燭光。

「我是蘇格蘭人約翰。」他帶著古老的蘇格蘭—愛爾蘭的輕快語調說，「妳的皮膚很美。」我感到驕傲，不知怎地完全不害怕。我聽見自己對他說，「你的皮膚顏色跟這個獸

脂蠟一樣。」

他坐下來開始按摩他的大腳。他的身材龐大圓胖，白色皮膚上滿是雀斑，藍色的眼睛深邃但調皮。

「妳不是這條路上摩爾反抗運動的一份子？」他問。

「不是，」我回，然後開始解釋。「我是摩爾人，但有猶太血統。我不明瞭真理，但我知道古蘭經和卡巴拉（Kabbala，譯註：猶太教神祕哲學）都代表同樣的真理。我是個草藥治療者。我尊重十字架，但士兵兩腿之間的那個東西對我並不友善。我說的是我母親祖先的語言——希伯來語。」

我很驚訝聽見自己說出這些奇怪的話。這是打哪兒來的？

那僧侶只是凝視著我。我覺得需要進一步解釋。

「軍隊相互殘殺只為證明誰的真理才是主要的，這讓我覺得很諷刺。而且基督徒要找聖雅各的遺骸幹什麼，他是猶太人啊！這條聖地牙哥之路是身體渴望與靈性結合的旅程，不是要和自己分離，像聖雅各身首異處一樣。」

僧侶隔著一張小桌子示意我坐下。燭光照著他紅潤聰慧的臉。

「妳會讀會寫？」他問。

7

「當然會。」我回答。

「是什麼區別妳跟其他異教徒呢？」他問。

「就是把我跟傻子區隔開的同個東西啊！」我回答。

「那是什麼呢？」他問。

「這張桌子，先生。」我回答。

他笑了起來。

接下來的對話很模糊。我記得一些主題和要點，還有對談話內容的感覺，卻記不清我們對話的細節。我們談到教育的必要。他同意，然後我們用占星術語談了些行星移動的知識。我知道這門科學在當時很受到尊重。他說他通曉古羅馬文本，也因此知道聖雅各的墓穴在何處。他說身為神職人員，希望能跟我合作拿到摩爾人所控制的亞歷山大（Alexandria）圖書館裡的許多藏書。他知道那裡保存了許多文本，希望我幫他取得，這樣他就能送到查理曼大帝的宮殿——他在宮殿擔任那位不識字的法蘭克人（Franks）之王的導師。他說查理曼宮廷裡的朝臣有很多是未受教育的文盲，因此把他從蘇格蘭和愛爾蘭找來。亞歷山大圖書館所保存的古老文本中有許多與上帝有關的祕密作品，查理曼對此很感興趣。

接著我夢見他伸手從一個角落拿出某種棍杖來。

「這是德魯伊（Druidic，譯註：一種古老宗教，熟悉並能善用自然界的神祕力量）的手杖。」

他說，「冥思與祈禱賦予了它能量。它也曾沾浸過具有聖人精神的古井水。」他把杖遞給我，我輕輕在帳篷內的地上敲了敲。我喜歡它在我手裡的感覺，它似乎很友善。約翰繼續說下去。「我是蘇格蘭—愛爾蘭人，在《凱爾之書》（譯註：Book of Kells 是繪圖極精美珍貴的拉丁文福音書手抄本，於一所古修道院中發現，據信是西元八世紀的作品，現存都柏林三一學院圖書館）寫成的地方出生長大。」

這時候進來了兩名男性僧侶，但臉孔卻是我在路上遇到的那兩名愛爾蘭女孩。

「這兩個神職人員會保護妳。」他說，「他們會把『逼迫』妳的人擋開。」

然後發生了一件令我迷惑的事，彷彿在我自己的「夢境—異象」中，我是沿著一條時間線在做夢。蘇格蘭人約翰說話的時候，我重新經歷了過去和未來的夢境。其中沒有線性的順序，只有隨著他的敘述出現的事件和畫面。

「妳會被摩爾巨人抓去。」他說，「一開始他會用妳進行治療，但當妳拒絕他的求歡之後，妳會被關進地牢裡。他會不時把妳召去，討論療癒以及辯論上帝的意義。妳會告訴他妳對基督教的了解。在他死後，妳會被基督徒釋放。」

我在腦海中看見約翰描述的畫面，但一個星期前我已經夢見這段被囚禁的事了。

「摩爾巨人會被查理曼大帝手下的大將羅蘭擊敗。摩爾巨人臨死前會要求見我。他會給

7

我一個小的金十字架，要我交給妳做為保護。那十字架打造成特殊的模樣，可以詮釋成古埃及的科普特教徒（Coptic）、基督教徒或埃及的伊斯蘭教徒，因此是好運的象徵。人們在聖地牙哥之路會運用許多宗教把戲，以便萬一被敵方俘虜時，可以取悅對方的上帝。無論如何，妳將會被釋放。」

我看見他描述的場景。騎士羅蘭比摩爾巨人小了一半。在陽光下，背對著一堵牆，他們用棍棒以及徒手作戰，幾乎是帶著和善的態度。摩爾巨人身高超過七呎，他的體重和巨大身材使他疲倦。他一度把羅蘭舉起來放到他的馬背上，兩個人都笑了。然後巨人放下武器，要求給他一點時間休息。接著他和羅蘭展開了一段深刻的對話，討論到底是基督教還是伊斯蘭才是真正的宗教。他們辯論了好幾個小時，誰也不肯退讓。他們同意，誰能擊敗對方，就代表他的宗教是優越的。然後他們花了不少時間討論摩爾巨人刀槍不入的身體。羅蘭問對手，何以他們用來戰鬥的棍棒、石頭、劍、弓箭都傷不了他。巨人承認如果用劍刺穿他的肚臍，那他就完了。

接著他們兩人都同意先睡一覺。我看見羅蘭在巨人頭下墊了一塊石頭，讓他舒服一點。為表尊重騎士精神，兩人都同意等休息夠了，戰鬥才繼續。

過了一段時間，兩人同時醒來，戰鬥重新開始。羅蘭抓住了巨人的下巴，讓他失去平衡，兩人都倒在地上。他們爬起來重新上馬，接下來兩人的劍都刺中對方的坐騎，兩匹馬

都受了重傷。他們丟下手上的劍，再次用石塊和拳頭打鬥。沒有人倒下。天色已暗，他們再度休戰，整夜休眠。兩人似乎都深深尊敬對方的英勇。第二天早上巨人感到疲累。羅蘭比巨人先醒，拿走了他的劍，巨人醒來，沒注意到他的劍不見了。他們再次爭論誰的上帝才是真的上帝，兩人的怒氣愈來愈強烈，然後羅蘭趁巨人一個不注意，舉劍刺進了巨人的肚臍。

摩爾巨人臨死前要求見蘇格蘭人約翰。見證了這場戰鬥的約翰出現後，摩爾巨人從衣袍裡取出一個十字架遞給約翰，要他把十字架交給我。以前每當他或他的手下跟基督徒發生小衝突時，他總是拿它來協助談判。

夢到這裡，我哭了起來。當我仔細看著摩爾巨人，他的面孔變成了我的公司經理麥可・福勞爾斯的臉。接著我發現自己又回到帳篷裡，聽著約翰說話。

「是這樣的，」約翰說，「福勞爾斯先生現在是妳信任的同事，他是來還他欠的債的。」

我又哭了。我覺得需要時間來適應約翰的話，但他繼續說了下去。他說在這條道路上曾經發生過那麼多場戰爭，是因為地底下的能量放大了所有的人類情緒。他說聖地牙哥之路會突顯未獲解決的問題的感受——仇恨、焦慮、恐懼、性慾以及愛的感覺——因為它們被增強了。他說這股能量強化了對立勢力之間的業。他說光之線是很久以前被安置在這裡的，箇中原因我日後就會明瞭。他說光之線直接對應天上星辰的方位，如果被適當了解，會有助解決衝突。他說走在這條路上的人所見到的夢和異象，創造出過去真相的足跡，然後過去真相的足跡創造出回憶，而回憶就是人類潛意識的一部分，做為預兆藏在我們心中。

他說人們總是會回到舊地，因為他們直覺在那裡的業力需要解決。

接著在我的「夢境—異象」裡，他開始解釋我的經歷。「妳在這條路一開始遇到的那個年輕男子心智失常。過去他在戰場上受了傷，妳試著幫助他，你嘗試用妳的草藥挽救他的性命。他的靈魂離開身體之際，妳是他最後看見的一張臉。他曾經愛過妳，但那愛沒有實現。他每一段愛都從來不曾實現，因為他不懂得怎麼去愛。他是一名戰士，他從來不知道自己是完整的，因為他從來沒有認識自己內在的上帝。如果一個人不愛動物、魚、鳥，不愛吹拂皮膚的涼爽微風，他永遠不認識內在的上帝。不認識這點，就無法真正去愛別人。那年輕男子的性愛激情讓女人都拒絕他。但今天他的靈魂認出了妳。」

蘇格蘭人約翰邊說，我邊看見被我照料的哈維耶仰臉望著我。突然間他的臉變了，變成卡拉巴山步道上那個西裔男子的臉。約翰繼續解釋。「這兩個人都因無法融合肉體的愛和靈魂的愛而受苦。這一點有更古老的原因，稍後妳會明瞭。」

在我的「夢境—異象」裡，我對時間感到困惑。我存在於二十世紀末，但經歷八世紀的

查理曼時代，而我所做的這個蘇格蘭人約翰的夢，本身在時間上似乎就是忽前忽後。

這個異象以線性的順序繼續下去。我看見自己是從摩爾人手中釋放的摩爾女孩，接受了約翰的教導。我與在聖地牙哥之路的基督教軍人同住，他們持續用性暗示來嘲弄我，但我受到約翰的保護。

然後我在一條溪流裡游泳。我覺得水太冷，走了出來，在岸邊被幾個基督教士兵堵住。我站著不動，但感到焦慮。約翰從森林中走出來，他一直在觀看。他走向我，唸誦起跟受洗有關的禱詞。約翰伸出粗大的手臂把我推回水裡，把我的頭按到水面下。我噴吐著水站起來，用阿拉伯文喊叫著。約翰知道我在抗議，因為他懂阿拉伯語，但士兵們不懂。

然後我聽見他告訴他們我看見了神聖的異象，他正為我施洗讓我成為基督徒，他們應該立刻離開。他們走了。

他把我從溪流中拉出來，為我戴上一條金十字架的項鍊。那正是摩爾巨人交給他的金十字架。

「後來妳終生都戴著那個十字架。」約翰說，「因為當沒有人能確定妳到底是基督徒、穆斯林、還是猶太人，這點讓妳得以活命。兩邊的人都不敢接近或逮捕妳。妳沿著這條路來來去去，經歷了許多事，這也是妳今天在這裡的原因。很多事需要解決。」

7

蘇格蘭人約翰隔著桌子坐在我對面，在那一個時代告訴我未來的事，然而一切卻又都是發生在我做夢的現在。他接著敘述更多未來的事。「我把妳帶到查理曼的宮廷，在摩爾人的勢力和邊界被穩定下來之後，妳逐漸得到敬重，成為宮廷的顧問。」

幾乎像是同時的快轉和倒帶，我看見自己在那座中古世紀的宮廷裡。我穿著基督徒的服飾，但我的黑色長髮和深色皮膚引人注目，這點我也頗為樂意。我跟國王交上了朋友，常常跟他一起坐在熾烈爐火前的動物毛皮上。約翰說國王有三、四個妻子和許許多多的情婦。他性慾旺盛，很愛女人。他喜歡游泳，我看見自己在一個溫水的池子裡，池水來自新鮮的泉水。我們穿著內衣嬉戲，談論摩爾詩作，我為他翻譯那些詩，因為他並不識字。他是個驕傲的男人，但不因自己沒受過多少教育而感到不自在。他想了解跟他的教皇的上帝對立的伊斯蘭上帝。他談起教皇時帶著深切的愛和敬意，並說他全心奉獻，任他差遣。他說他向父親承諾過要為羅馬教會任勞任怨地盡力。

不論什麼時候我都戴著我的金十字架。約翰告訴我，它代表地球四個方向的平衡，持有它的人就能與塵世相繫，得到塵世存在的所有喜樂與悲傷。

我看見自己在一群隨從之間，坐在馬車裡被士兵和馬匹保護著，行經聖地牙哥之路。「妳常常造訪妳的家鄉。」約翰說，「妳收集摩爾的卷軸和文本，帶回查理曼的宮廷，妳、我和國王經常研究其中的意義。」

我看見我們幾個人在閃爍火光的石牆邊，翻譯著阿拉伯智者的作品，辯論上帝以及跟上帝之愛有關的戰爭的意義。然後我看見國王要求宮廷准許我被正式承認為他的情婦之一。他們拒絕了，因為我的出身。他公開表示他愛我，而且希望能表現他對我的愛。他把全宮廷的人帶到了漲潮時的海邊，宣稱他的愛就像浪潮一樣強大。「人永遠無法阻擋愛情或浪潮。」宮廷的人被打動了，准許我成為他的妾，但僅此而已。我知道我只是許多女人之中的一個。我也有其他情人，但對我而言最重要的是學習，就連國王也無法與之相比。

我花了很多時間跟蘇格蘭人約翰辯論這兩個宗教的偉大真理。他開明又風趣，我看見我們爭辯不休，直到國王的身影出現在木製的大門旁，堅持要我到他房裡陪他。幾張桌上擺滿了水果和堅果，也總有一爐大得可怕的火光照亮他的臉。

國王對星辰的移動有了了解，也想了解更多。他表現出一副老師的樣子，但事實上他是學生，對一切感到好奇。

他貼身穿著一件紡織品襯衫，還有同質料的緊身褲，外面包著用帶子緊緊繫住的襪套，腳上則穿著軟皮靴。如果他覺得冷，就會穿一件貼胸的短皮衣。當他為出席公眾場合著裝時，我看到他披一襲藍披風，搭在一邊肩上。他的腰間掛著一把金劍柄的劍，頭戴著鑲有珠寶的金冠。他也有一把鑲珠寶的劍，是在宴席和慶祝場合時配戴的，被一層層刺繡的衣物遮掩住。

7

「妳為他生了三個孩子。」約翰說，「妳活到八十三歲，很難過地看到他們在父親死後被剝奪繼承權，因為他們的阿拉伯血統。」我邊聽著，邊凝視著約翰，感覺自己在一個夢中夢裡。接著，他彷彿是在現代跟我說話，他說，「後來妳在妳現在的這一世又跟當時是查理曼的那個靈魂重逢了。」

我試著了解這句話的意思。我說，「你是說在我現在的這一世裡，我又遇到了他？」

「那當然。」他回答。

「嗯，那他是誰？」我問。

約翰的眼神變得仁慈卻淘氣。「我的孩子，等妳多完成一點妳聖地牙哥之路的奮鬥，妳就會知道了。這趟旅程不就是為了這個嗎？」

「此時此刻我不確定任何事到底是為了什麼，」我說，「因為我甚至連時間是什麼都不知道了。」

「正是如此。」約翰說。

我不知道如何繼續下去，不論是在這條路上還是在這個「夢境—異象」裡。

約翰再度開口。「記住，這條路能讓妳記起妳是誰。妳是時間之路上許多經驗的儲存庫。當妳往前走的時候，實際上是往內走，妳會說是在回溯時間。事實上，妳是在尋找往前回到開始之處。烏特瑞亞……要勇敢，因為所有的路都通往開始之處。不久妳就會看到一些了。因此，妳必須走妳的路，在時間之外，直到妳對以往發生的事達到對稱的了解。

所有的線都繞回開始之處。」

一陣冷風吹在臉上，我一陣寒噤醒了過來。我環顧四周。我依然是倚樹而坐，獨自一人。沒有記者。我看了手錶，我在這種意識狀態已經兩個小時。我站起身伸伸腰，開始往前走，同時把我所記得的錄在我的小錄音機。

我邊走邊對著錄音機說話，走了好幾個小時。我不知道錄的是一場夢，一段前世的記憶，還是被潛意識混雜了我小時候曾在歷史課讀到的資訊。有一點我很確定，那就是我從沒聽過任何人名叫蘇格蘭人約翰。我直到了朝聖之旅結束後才開始研究他。資料很難找，但根據一兩本冷僻教科書的內容，的確有過這麼一個人，他是查理曼宮廷裡的神職人員兼教師。我研究了聖地牙哥之路沿路的戰爭，發現只有隆賽伐耶之役（the battle of Roncesvalles）被討論過。我的確找到了參考資料，敘述一名身材巨大的摩爾人曾經與受到查理曼信賴且忠誠的戰士羅蘭徒手搏鬥過。他因為殺了巨人而變得重要。但羅蘭之死的故事則更為著名。他在隆賽伐耶撤退時率領查理曼軍隊的後衛，他也是在隆賽伐耶被處死，因為他未經查理曼允許就攻陷班普隆納城。羅蘭吹來求援的那隻號角叫歐力凡（Olifant）。

神話、歷史、我那似乎由蘇格蘭人約翰所敘述的「夢境—異象」，隨著我的步行在腦中盤旋。什麼是真實的？麥可・福勞爾斯是誰？這就是為什麼這麼多人來走聖地牙哥之路的原因嗎？除了是一趟身體的經歷，它是否也是一堂內在的歷史課？

當走到洛斯阿可斯（Los Arcos）的庇護所時，我已筋疲力盡。此刻回想起來，我記得那是個「腳底按摩庇護所」，因為那裡有個男子免費為朝聖者護理雙腳。他說他了解雙腳的重要性，不只因為走路很辛苦，更因為聖地牙哥之路的光之線的能量會穿透腳底的經脈，進入全身的能量系統，也因此讓朝聖者有自我實現和完成的感覺。他說從按摩中接收的能量讓他自己獲得了更高的了解。他本身走過很多次聖地牙哥之路，了解每一個嚴肅的朝聖者正在經歷什麼。

當我解釋我碰到的事，他只是點點頭，不顯得驚訝，他並忠告我不要懷疑我的神智，只要繼續往前走，讓一切自然而然發生。他說，一切到最後都會變得清楚。我跟他的談話是很珍貴的禮物，因為他向我確保，雖不是所有人，但很多人都有過類似經驗，如果他們開放心胸接受其他次元真相的實相。我們討論了人類靈性身份的本質——我們是誰以及我們可能曾經是誰——也討論其他次元實相之所以變得清晰，可能是因為我們所走的這片土地下的能量有增強作用的結果。他說聖地牙哥之路考驗朝聖者愛的能力。他說古人用它來平衡陽剛和陰柔。「當陰陽融合時，妳對自己在各個次元裡的身分，會得到一種神聖的瞭解。」他說，「在關於腳方面，古人習慣不穿鞋走路，因為他們了解透過腳底，他們會發現靈魂的知識。」這就是腳底通靈魂的意義！接下來他解釋反射療法，就是對腳底的穴道

施加壓力，解放被阻塞的能量和被阻塞的記憶。當能量被釋放，人就會變得健康。那位按摩的男子說，「可以這麼說，健康，也是知道你過去的記憶。」

我開始了解了。現在我是個靈性的行走者。

8

我在庇護所裡度過安寧的一夜。醒來時，看見一對男女在熱烈地交談。我們彼此自我介紹。女子名叫阿莉。她說她來自聖薩爾瓦多。她穿來走聖地牙哥之路的打扮是一套Gucci的連身衣褲，背著皮製的化妝包，腳上穿的雙層球鞋是從一間高級時裝店買來的。她有著深色的眼睛和頭髮，提著另一個裝髮捲的袋子，還背了一個昂貴的大肩袋。她的人就跟她的行頭一樣有意思。跟她在一起的是個矮壯的男子，她介紹他叫卡羅斯。

「卡羅斯邀我到西班牙跟他一起散步，」她解釋，「他所謂的在大宅邸附近走一走就是這樣子？」

卡羅斯咯咯地笑了起來。他是巴斯克人（Basque），我甚至從他矯捷的動作中都可以看出他的叛逆。

「她不了解，因為她不想了解。」他回答。

阿莉兩手一攤，戲劇化地表現她的惱火。

原來他們在二十五年前曾是情侶。但他讓另一個人懷孕了，於是決定娶對方。他對阿莉仍未忘情，多年後邀她來西班牙。我不知道他們兩個到底知不知道自己來聖地牙哥之路做什麼，但話說回來，沒有人知道。他們兩人讓我覺得有意思也覺得煩。卡羅斯決心透過強大的意志力，把聖地牙哥之路當作嚴肅的朝聖之旅走完。至於阿莉，我後來發現，她覺得累的時候就常伸手招巴士。雖然她搭巴士之前也走了很長的路，但穿著時髦的雙層網球鞋的她從來沒起過水泡。卡羅斯表示這是因為她態度很隨便，不認真；她說這是因為她運氣好。

無論如何，我們開始結伴而行。這是說我們走在彼此視線範圍之內，只偶爾交談一下。通常我們會在走完十小時，二十五公里（將近十六英哩）的路程之後的下一個村或鎮的庇護所裡碰頭。卡羅斯穿著百慕達短褲、紅襪和靴子，手持一根長杖，看起來像個被曬黑的登山客，邁著權威、結實、八字腳的步伐大步向前走。阿莉不知怎麼從來沒有吃力的樣子，就算沒搭巴士亦然。

過了好幾天，她承認她出身一個富有的外交世家，住在洛杉磯的聖費南多谷！

卡羅斯是個話很少的人，他大部分是對我們做的一切說「不」，「不」，「不」。阿莉絕大部分時間都在抱怨，但用滑稽而自我嘲謔的幽默加以調和，說她有多被寵壞了，而她在庇護所裡製造出的又必然是怎樣的形象，因為那裡只找得到最基本的必需品，而她卻頭頂著髮捲，在足以供天后巨星使用的化妝包裡翻找著東西。卡羅斯翻個白眼，把他的睡袋鋪給阿莉用。

我想，他們是我不想在這個環境下只能跟我的手杖說話，而為自己創造出的娛樂。

因此，當阿莉累了搭上巴士時，卡羅斯會很紳士地問他能否幫我任何忙。我們一起走過了多雷斯德里歐（Rio）、薇亞納（Vuana）、納伐勒特（Navarrete）、洛格羅紐（Logrono）以及納荷拉（Najera），路程超過三十英哩。

在好幾個城鎮裡，記者試著接近我。卡羅斯出面阻擋，於是除了一張如今已經很眼熟的照片之外，報紙就沒什麼可登的了。我沒有跟任何記者交談，而現在村裡的人也開始保護我。當我躲在樹後，我可以看見他們指點記者往相反的方向走。卡羅斯很喜歡擔任我隱私權的護衛，我也很感謝他這麼做。

過了納荷拉，阿莉在聖多明哥拉傷了肌肉（還是沒有起水泡），被迫在庇護所裡停留幾天，而卡羅斯則繼續走在我前面，他跟我一樣都決心十足、有著事事都要超前的性格。

我開始每隔幾小時就在路旁看到大螺絲釘，不知道這是不是表示我腦袋裡有螺絲鬆了。

現在我差不多走了十天，我已經適應了疼痛，我試著用手杖支撐來減少雙腳不平均的受力。我遇見許多來自世界各地的陌生人並和他們交談，我試著對氣候的變化冷靜以對。我

帶了一袋順勢療法的藥品，分給庇護所裡有各種病痛的人使用，同時祈禱自己永遠不要被肌肉扭傷或抽筋打斷我的行程。當走在平地的時候，氣溫可以高達華氏一百度，山區則比較涼爽，有時候在同一天裡便可驟降到五十度。我一度曾想把我的 Gore-tex 外套和長褲丟掉，幸好沒有這麼做。

我跟阿莉、卡羅斯，有時還有其他新朋友一起，每天行程結束時都吃沙拉、麵包，配葡萄酒。

我們通常都能在離庇護所不太遠的地方找到小餐館。有時我跟他們走散了，進入村莊之後就得再多繞幾英哩冤枉路才找得到庇護所，因為我不會說西班牙文。那兩名愛爾蘭女孩似乎總走在我前面或後面幾天路程的地方。她們總是詢問我關於記者的麻煩怎樣了，我說我不會有問題的。

然後一天早上，在聖多明哥和貝羅拉多（Belorado）之間某個村子的庇護所裡，我正洗著冷水澡（總是沒有熱水），兩名攝影記者突然拉開浴簾開始拍照。我一巴掌把他們的照相機打掉，用浴簾遮住身體，喊叫著要他們離開。他們照做了。我可以預見我的媒體問題會愈來愈麻煩。我最焦慮的是不想讓我從自己生活裡帶來的包袱造成其他朝聖者的困擾，但我知道如果我在哪裡召開個記者會，只會讓記者更變本加厲。西班牙的媒體真是窮追不捨。名人似乎不應該進行像聖地牙哥之路這樣的奮鬥。他們不了解。我能夠明白媒體為什

8

麼那麼好奇，但他們對於自己歷史上的朝聖之路對人們的意義卻毫無所覺。

浴室裡的風波打擾到了其他朝聖者。我又羞又窘，趕緊穿好衣服從後門離開。

我獨自前行，直到看見黃色箭頭，發現自己置身在一條繁忙的公路上。這條公路是建在古老的聖地牙哥之路。三輛龐大的卡車從我背後開來，經過時所掀起的風幾乎將我吹倒。我的新帽子被吹進車流當中，我只能讓它隨風而去。我不能停下來從背包裡取出舊帽子，因此我繼續走下去，任陽光炙曬我的臉。

我試著控制思緒，好讓自己不感到恐懼。我想到電影，想到我舞台秀的新點子，想到一個等我回到馬德里時要去買的皮包，想到我交往過的男人，想到我女兒。我不知道今天是星期幾。嗯，至少我在十天內瘦了十磅。真是個有效的減肥啊！

然後我記起一位偉大的老師告訴我關於恐懼的金玉良言：「永遠不要問自己你恐懼什麼——問自己你擔憂的是什麼。被壓下去的恐懼思緒會再度出現，因為所有的能量會回到原先傳送的人。任何能量永遠會繞回到源頭。擔憂的思緒也會再度出現。那時候妳要辨識出自己為什麼擔憂。」

我試著照做。我自忖，「此時此刻我為什麼感到擔憂？」我立刻就知道了答案。我擔心自己可能會被路上的卡車撞傷或撞死。我記起了我每次開玩笑時所說的，「聽好，如果我

被卡車撞了……」這句話說不定就會在西班牙這條公路上成真。很少有朝聖者遇上這種不幸，但我可以想見它可能發生的情形。

然後我記起來了。在啟程展開這趟朝聖之旅前，我已經接受了死亡。

是的，我做好赴死的心理準備了，如果有必要的話。

緊接著我又想到：就算是離開了軀體，我也不會死。更何況，我想起了樹下的那場「夢境—異象」。我似乎是活在另一個時空，有著另一具身體。

我繼續跋涉，逐漸放鬆下來。死亡是否只是過渡到另一個存在狀態，直到我再次出生？我正是這麼相信的。現在我可以在情感上來檢驗這個信念了。

我更放鬆了。炙熱的陽光直曬著我的臉，但卡車似乎沒有開得那麼近。

我開始想到我們每個人對自己肉體的認同超過了對自己靈魂的認同。我心中深知我根本上是一個正經歷肉體經驗的靈魂存在，而不是一個靈魂隨「死亡」而消逝的肉體存在。我知道是這樣的。

那麼，在我展開靈性探索之前，為什麼我會認為自己基本上是肉體的存在？這是基督教教給我的。我的宗教宣稱靈魂沒有前世。如果我的靈魂並非獨立存在於我的軀殼之外，那麼，根據基督教的說法，我的人類觀點就是牢牢繫於我對身體的認同。我是身為肉體而竭力想變得靈性，而不是因為認知到我的真正本質，也就是我根本上先是一個靈魂，然後選擇在肉體的經驗。

我的宗教還說我的靈魂和身體會在復活後合而為一，因此少了物質性我就是不完整的。它說一切都源自於物質。於是我不但變得執著於我的身體，因為它提供我身分認同，我也執著於我周遭的物品，它們為我在物質世界裡提供了社會地位和自尊。

我可以明白唯物主義是怎麼產生的，它來自於跟靈魂和靈性的分離。唯物主義也使得人類的靈性變得遲鈍，因為我們關心物質環境超過了我們靈魂的需要。

就連我們的政府系統也是從與靈性分離演化而來。政府掌管物質財富、貨品、服務的流向，並控制自然環境，操縱我們的生存資源，依經濟考量做出決定，但那些決定也應該要有靈性考量。對經濟和物質資源（金錢、股市、公債、銀行、保險公司等等）的操控，決定了一個人能否在文明和社會的決策中佔有一席之地。一切都取決於你攢積了什麼，以及你是不是個重要的消費者。因此，唯物主義操控並決定了價值觀。這也因此影響了人類的行為。

攢積財富或物品、或者對身體自覺，並沒有什麼不對，除非到了執迷上癮，使人無法認知靈性的程度。如果一個人的身分認同完全投入在物質和財產，便會影響到他／她的行為

和人生中所做的決定。

恐懼失去財富和身體，是因為人與自己的靈魂分離的結果。這種恐懼限制了靈魂的成長，而靈魂卻是我們之所以會在這世上的原因。當靈魂進入物質，對物質的認同超過其原初的存在狀態時，就產生了唯物主義。教會宣稱沒有前世，更加強了這種認同。

現在我正在一條代表唯物主義例子的公路上跋涉，在這片雖窮困，但教堂密度卻遠超過其他地區的鄉間，我渴望自己的背包能更輕一點。先前我希望在聖地牙哥之路上有所啟悟，這不正是絕佳的一份啟悟嗎?!

9

現在我幾乎已經走過了半個西班牙北部。我跟人們交上朋友，我發現在庇護所裡入睡以及跟其他朝聖者打成一片都很容易，步行的時候心情平靜也能夠沉思。我的身體疼痛，但也適應了。

我的「夢境—異象」變得愈來愈強烈，有時候幾乎到了令我驚慌的地步，但只是因為它們感覺起來實在太真實了，而我從來不喜歡自己不能覺察或認出什麼是真實的感覺。

由於記者跟著我，我不但覺得受到侵犯，也覺得像是在跟時間比賽。我決定要在七月四日走進康博斯特拉（Compostela），這樣我就是在三十天走完了聖地牙哥之路。對我而言，這會象徵我身為美國人的解放。不知怎地，朋友安瑪麗建議我走四十天的話被遺忘了，遺忘在躲避記者以及不想打擾其他朝聖者的探索與動機的迷宮裡。我不希望他們背負我的包袱，但我也認知到這也是在滿足我那事事都要超前的強迫性格。

我還沒有走到奉瑟巴東（Foncebadon）那個有狗群聚集的廢棄村落，而那個事件總是陰

魂不散地纏繞在我腦中。也許接下來發生的事是個預告。

我獨自走在山上。阿莉、卡羅斯和愛爾蘭女孩不是在我前面就是後面幾天的地方。我正深陷在我身為摩爾女孩前世的「夢境－異象」裡。蘇格蘭人約翰又出現了，敘述著我腦海中那些畫面的意義。

跟先前一樣，我在查理曼大帝的宮廷研究行星位置對人類行為影響的古老手稿。查理曼是個相信自己應該能控制浪潮，也能控制星辰的人。為了他的教皇，他是個永不知足的征服者。他們兩人要為基督攜手統治已知世界的命運。

蘇格蘭人約翰和我們在一起。突然間，約翰對我說，「現在，妳想知道妳的國王在妳今生的身分嗎？」

「是的。」我回答。

「仔細看著他的臉。妳會看出來的。」

我抬頭細看那位征服者的臉。那張臉開始改變，形成了一個我所認識的人的五官特徵。我認出他來，嚇了一跳。然後他開口對我說話，聽見他的聲音甚至比看見他的臉給我更大的衝擊。

「是的，」他說。「妳又見到我了。」

那是歐拉夫・帕姆（Olaf Palme）的臉和聲音，我曾和這位瑞典首相有過一段情，我在

9

《岌岌可危》（*out on a Limb*）一書中寫過他，我把他的身分改成一名英國工黨的政治人物。「我一直都想讓世界變得更好。」他輕輕地說，「在我認識妳的時候，我試著這麼做。你啟發了我，但我在前世和今生都因為社會的限制沒能完全接受妳。」

我跟帕姆交往時他已經結婚了。他後來被不知名的刺客暗殺。謠言四起，說殺他的是一名穆斯林軍火商。帕姆極為聰明睿智，在調解世界上北方和南方國家（這是他的用詞）之間的問題上出力很多。他是社會黨人，但強力擁護民主。如果他還活著，他有可能做出重大貢獻，將社會主義的經濟系統跟民主原則融合在一起。他的妻子是共產黨員，他相信資本主義太過猖獗，但共產主義則扼殺了自由思想。他敏感、懂得變通，也相信一個人就能造成重大的改變。我最後一次見到他時，他告訴我在他總理任期屆滿後，他希望擔任聯合國的秘書長。如果此事能成，他就會住在紐約，而我們也就能多些時間相處。我從來沒有在婚姻問題上逼過他，因為我並不確定自己想要婚姻，但我確定跟這個男人在一起我會是快樂的。我們在各方面都搭配得很好，他在心智和感情上都能滿足我。然而有個問題。他對媒體很神經質，非常擔心我們的關係會對他的權力造成影響。在業力的擺佈下，他被暗殺時我正在秘魯拍攝《岌岌可危》的電視影集。他遇刺的那一刻，我正和一位秘魯的靈媒會面。那位靈媒手中拿著幾樣幫助他通靈的東西，其中之一是一個小銀色星星。小銀星自他指縫間掉落，靈媒抬起頭看著我說，「一個對妳很重要的人剛剛往生了。」我完全不知道他是什麼意思，直到第二天看到一份秘魯報紙刊載的所有細節。

現在，我坐在巨大的壁爐旁，邊討論星辰邊看著國王的臉，我打了個寒顫。蘇格蘭人約翰開口說話。「是這樣的，我的孩子，你們兩人有一段共同的命運。如果他在任何一世的社會眼中接受了你們的關係，或許他就能達成他的種種渴望。一個人在愛情中的勇氣，跟改革社會的勇氣一樣重要。知道自己是誰，就能有紀律、有勇氣去實行和完成你為自己訂下的該做事項。他無法看清一切都從自己開始。若沒有對自我的了解和隨之而來的一切，人就無法與選定的命運一致。他的命運原是要在那些社會主義政府垮台之後與之合作。他本可結合社會主義與自由，開創出一個新的典範。他本來可以聯合想要以可行方式得到個人自由的社會主義國家。」

我盯著國王的臉，幾乎笑了起來。這太令人敬畏了，卻似乎很符合。帕姆在我之前有過其他女人，那些韻事並未使他感到煩惱。但話說回來，她們並不對靈性探索感興趣，她們是純粹的知識分子。我的靈性傾向讓他遭到譏笑，而他溫和地試著勸阻我的信念和疑問，同時他也了解這當中有其奧妙。我很喜歡我們這種強烈的對比，但我總覺得需要警告他，他與根本的真相脫離了，這到頭來會害了他。直到現在，我才知道自己當時是什麼意思。帕姆死時，我整個人身心交瘁。

約翰繼續說下去。「最偉大的愛就是去容許對方自由意志所產生的結果。」

是的，在心智上我了解這一點，但要在感情上完全接受又是另外一回事。

9

「夢境—異象」消失了，我繼續走下去，想著這世上的同時性。它似乎真的是隨處可見，每一刻都有事物提醒你因果法則。我記得帕姆相信政教應該分離，因此下令取消瑞典學校每天的晨禱，而很諷刺地，這麼做也除去了瑞典學童集體同時的冥思（瑞典全國都是同一時區）。帕姆也是無神論者。他是否將自己與上帝源頭分離，因此承受了苦果？

如果他信任瑞典媒體並透露了他的私生活與困惑，他們是否會接受？我繼續走著，完全沉浸在自己的思緒裡。我甚至沒意識到自己在移動，突然間，我發現自己被一組電視工作人員和一名女記者偷襲個正著。

她把麥克風湊到我臉上來。

我震驚得喘不過氣來，然後震驚的感覺變成了憤怒。我一把將攝影機推到地上，然後對女記者兇。

「妳到底要幹嘛？」我質問。她沒有因此被嚇到，她平靜地說，「妳是否可以告訴觀眾朋友，妳是不是要信奉天主教，如果不是的話，妳為什麼來走這條聖地牙哥之路？」

我像隻被逼到角落的動物，對她喊叫著就連我那最會罵人的父親都編不出來的話。我用各種想得到的詞痛罵她，最後說，「我恨妳以及妳所代表的一切。」

女記者轉身走開，試著不讓眼淚掉下來。然後我轉向攝影人員，他們正拚命想把我發飆

的情景拍下來。我向他們衝去，他們拔腿就跑，但這也沒能讓我停下來。我仍繼續追下去，撿起一塊石頭，邊跑背上的背包邊上下顛動，我把他們追到了山坡上。女記者還站在山坡下面，臉上有淚，目瞪口呆。

那支由三個男人組成的小組繼續跑。我繼續追。我不敢相信自己在做什麼。我就像一個發火的十五歲孩子，追著學校裡的惡霸。當我跑到山頂上時，他們已經在等著我了。我知道攝影機開著，但我不在乎。我把石頭朝它丟去，希望能把它砸壞。它是砸壞了沒錯，但另一支攝影小組不知怎麼地得到了消息，拿到了帶子。

山頂上有個小村子。一名旅館老闆在屋前看到了這場面，把那些工作人員噓走，協助我進到他的旅館。我的肺因這番劇烈運動而作痛，使我在稀薄的空氣裡喘不過氣來。我說不出話。旅館老闆帶我進入一間私人房間，倒茶給我喝，確定我沒事之後，就讓我一個人靜一靜。

剛剛發生了什麼事？那名女記者用偷襲的方式採訪新聞，但我相信她基本上也是好奇我為什麼會來走聖地牙哥之路。回想起來，我對她感到抱歉。我把她狠狠罵了一頓，儘管我說的話她只聽得懂一半。我記得她的眼淚是在我喊叫「我恨妳」的時候流下來。

另一方面，我把那些男人追上山時他們則在笑，這也是讓我更氣得不肯停下來的原因。他們知道我歲數比他們多了一倍，而且還背著背包。他們也知道，如果我發火，拍出來的

9

報導就更有看頭。我鄙夷他們的愚鈍，一直要對他們造成某種損傷才肯罷休。我知道最後得意的會是他們，碰上記者通常都是如此，但我還是無法阻止自己。我最不能坐視的就是不公平的事。而我也的確沒有坐視。當天晚上那捲帶子在電視上播了出來，但我很高興看到的畫面相當模糊。

我環顧這間小房間，看到張床，躺了上去。幾分鐘後，蘇格蘭人約翰來了。

「嗯，女娃，」他對我說。「那些狗媒體的確考驗了妳的脾氣，是不是？」

「是的。」我悶悶不樂地回答。

「而妳也吼了回去，不是嗎？」

「是的，我想是這樣。」

「嗯，這樣，妳當時講的就是他們的語言了，對不對？」

「是嗎？」我問。

「當然是。」他說。「他們吼叫是為了考驗妳的真理，就像狗也是這樣。妳害怕前面的那些狗，是不是？」

「是的。」

「嗯，記住妳剛剛是怎麼應付人類版的牠們。狗無法想像人類竟然沒有跟牠們一樣的感覺。如果妳吼叫，妳就是在講牠們的語言。當牠們咆哮時，是想要別人了解牠們。狗不喜歡妳對牠們不誠實，新聞界也是一樣。兩者都會追著妳的腳跟咬，直到妳面對自己。而如

果妳的態度是恐懼加上敵意的話，他們就會吃掉妳。」

「我對那些記者有敵意嗎？」我問。

「沒有。」他回答，「妳有的是憤怒，因為他們不公平。不公平是生命中有不平衡之處。那個女記者受傷了，但她必須學會用更公平的方式問她的問題。妳呢，孩子，應該稍微控制一下妳的脾氣。不過話說回來，誰叫妳是蘇格蘭—愛爾蘭人呢？」

「是啊。」我回答，自己笑了。

「嗯，蘇格蘭—愛爾蘭人是精通悲傷的大師。他們爆發是因為他們感受強烈。稍後我會多解釋一些蘇格蘭—愛爾蘭人的性格，但現在，妳要知道聖地牙哥之路沿路的狗群和記者的歷史。」

「什麼意思？」我問，幾乎知道他要說出驚人之語。

「妳今天遇到的那些靈魂古時候是士兵，他們用逼迫、折磨的方式『迫使』人們變成基督徒。他們專門對付摩爾人，認為他們是異教徒。他們如今仍然在做同樣的事。有些最殘忍、最愛折磨人的回來變成了狗；然而，這種命運極少發生。牠們回到舊地徘徊，考驗人類的誠實。這就是妳將在奉瑟巴東面臨的事。今天妳已經學會如何應付牠們了。」

我不了解對牠們吼叫能怎麼保護我。

「等妳到那裡就知道了。狗和媒體都認為自己是精通真相的大師。」

我嘆了口氣，沒說話。

9

「還有一件事。」約翰說，「妳對伊斯蘭教的興趣來自妳在聖地牙哥之路身為摩爾女孩的經驗。這是個很好的角度，可以檢視妳對今天世上伊斯蘭基本教義派的憂慮。」

蘇格蘭人約翰從我的「夢境—異象」中消逝。我躺在那裡想著瘋狗、瘋狂的記者以及瘋狂的基本教義派：基督教的，伊斯蘭教的，其他的。

不同宗教間自古以來的仇恨，讓我感到深刻的悲傷。我讀過許多宣稱伊斯蘭教會在世界上造成大毀壞的預言。從諾斯特達姆斯到艾德加・凱斯再到對聖經啟示錄的詮釋，伊斯蘭教的存在都與世界末日有所連結。這是否可能？如果可能，又將如何發生？

阿爾巴尼亞裔的穆斯林是否有一天會起而對付西方？既然伊斯蘭教是世上成長最快的宗教，基督教國家內部是否會發生一場沉默的革命？穆斯林國家是否會聯合起來對付以色列，讓我們必須出兵援助，因此造成末日之戰？中國和伊朗又是否會如同某些預言所說的，聯合起來用核武對付西方？

每個宗教似乎都有其聖戰。我們是否會經歷穆斯林的聖戰，而它將毀滅全世界？世上的一切苦難是否是人類對自己所造的業力的結果？這就是我們需要進入自己的內在，找到我們在時光中的真實身分的原因。當我們知道自己是誰，就會知道自己的喜樂和悲傷。當我們對自己承認這一點，就可以解開業力的束縛而繼續前進。

我躺在床上正思索著這些問題，約翰又來了，並給了我一段關於業力的演說：

業力法則的完成和解決之道如下：一滴喜樂就強大得足以將憂慮化為慈悲。這就是付出自己的能力，因為知道不論你給出什麼，都會回到你身上並改善你和周遭所有人的生活。一滴喜樂加上勇氣就變成熱情，讓你能不假思索地採取有效的行動。一滴喜樂加上紀律就變成神入（empathy），讓你能知道自己的感情是真實的、你四周的感情是真實的，並因之恢復你的上帝意識。當你領悟一切事物的能量運作，你就了解上帝存在於一切事物裡。而這，就是上脈輪與下脈輪歸於一統，你結合了自己內在的陽剛與陰柔——你自己內在的神和女神。業力法則不是事件的回返，而是你回歸到你的靈魂。當你進入上帝的理解，你穿越一切的能力就恢復了。悲傷的定義就是沒有移動（move）的能力。當你將自己的悲傷清除，就是讓自己能夠接收更高層次的喜樂。

聖杯就是一個例子。它跟其它的杯子沒什麼不同，除了它的真正價值是在於它的**空**。當悲傷的杯子被清空，喜樂就來臨。因此沿著聖地牙哥之路的悲傷中的喜樂，就是重新發現你自己的靈魂……。因此，人類有尋求喜樂的道德職責。

約翰在我腦海中消失了。我盡我所能錄下他說的話。

然後我躺下來思考。

我感覺向前走的勇氣是在我心裡某處。我可以在身體感受到。勇敢的感覺不是存在我的

9

腦裡。那是一種心裡的感覺，知道自己有心智、身體和靈性去做任何事。而這勇氣讓我能以走進內在的方式向前邁進。

我連想到我在一棟失火的房子裡。唯一的出路就是要穿過火焰。我就是在穿越火焰，經歷這趟旅程。感到憂慮是一種原始和主要的情緒。每當我感到憂慮而沒採取行動，我就會生氣。如果我有走進內在的決心，就可以將怒氣轉變成勇氣，繼續向前走。

公路上在車子裡對我喊「烏特瑞亞！」的人們，是在給我走進內在的勇氣。因此真正的紀律不是集中意志排除其他的一切，而是能夠看進我自己的內心，接收已經屬於我的東西——那就是喜樂。

我想起追著攝影小組衝上山。那座山成了我憤怒意志的焦點。

在象徵意義上，山上的每一樣東西最後都會落入谷底。一切都會流入河谷。我需要做的就是變成一座河谷，接收已經屬於我的東西。換言之，臣服——臣服於知道自己內在就有陽剛和陰柔的平衡，並且在任何情況中找到喜樂的能力。人生就是教我們認識自己的一堂課。我們越認識自己，就愈能應付任何事。

今天我們世界的領袖就是一個例子。他們每個人都苦於缺乏自我認識。這是為什麼他們當中有那麼多人做出毀滅性的舉動。實際上，他們是在毀滅自己，不僅是毀滅自己，還有

毀滅他們所領導的人民——柯林頓、米洛塞維奇（前南斯拉夫總統）、歐薩瑪・賓拉登、伊朗的穆拉們、中國的眾領導人等等。我所認識的曾在監獄中被孤獨囚禁的領導者——甘地、曼德拉——在被迫與世隔絕的歲月中，解決了他們內在的許多衝突。而且他們都說那是一生中最重要的時光。今天的世界並沒有很多人花時間去探索內在，因此變成如今的亂象，瀕臨災難的邊緣。當然，任何社會裡的市井小民沒有探索內在的時間，因為他們被困在生存的競爭當中，這是猖獗的唯物主義所致。世上的人們似乎為了生存而只在原地打轉，他們忽略了進化的喜悅，而那只有花時間認識自己才能得到。

我再也不希望這種事繼續發生在我身上。詩人葉慈曾說過，「唯一值得踏上的旅程就是內在的旅程。」如果內在的旅程顯示出我曾在許多時代是許多不同的人，那麼就這樣吧！至少我會有能力評估如何實現我生在世上的個人命運。

10

就在我完成一半的聖地牙哥之路時，我注意到庇護所裡的人沒那麼多了。人們是否開始中途退出？

人們的態度也變得比較粗魯，對彼此較不尊重，而且更有攻擊性。

我在一間酒吧買柳橙汁，出來的時候有三個醉漢跟著我。我轉過身瞪著他們。他們走開了。有些年輕女孩追著我要簽名。我簽了，然後平和地往前行進。

我經過的那些城市，街道吵得讓人聽不清；充滿了車聲、對話和爭吵的喧囂。

我的手皸裂發紅，臉被曬得脫了皮，背包感覺起來好像有一噸重。是的，走路的時候什麼都不帶比較好。

如果我早上吃東西，就會挨餓一整天。因此我把優格、堅果和水果留到下午吃，反正那時候村鎮也都關起門來休息。

每個村落的飲水泉總是古雅而吸引人。我會把水瓶裝滿，知道我在到達下一個村落之前都有水喝。

阿莉開始經常搭巴士，卡羅斯變得難以相處。有一次我請阿莉幫我把背包帶到下一個村子。沒有了背上的重量，我的步伐馬上變得不穩、沒有重心，失去了平衡。我無法控制自己步行的能力，說也奇怪，感覺很難走下去。移除了背包的重量後，我覺得我有了容許自己對生命中某些人感到憤怒的自由。我跟他們以及我的家人之間都有些未解決的問題；我讓自己檢視了其中一些。我發現自己意識到那些衝突我也有責任，然後我了解他們每個人都是讓我更認識自己的鏡子和老師。家人就是這樣。這就是為什麼家庭是每個成員進入這個世界之前的正式教育。而我相信每一個成員都是選擇被生到那個家庭裡，來為其他人服務。等我回家後，每當有情緒化的爭論和沒有溝通的感受時，我會試著記得這一點。

路旁的農夫不開心地談著小麥的價錢以及缺雨的天氣。

我從貝羅拉多繼續走向維亞弗蘭卡（Villafranca），我可以感覺到聖地牙哥之路的能量場。蝴蝶在四周飛舞，有紫、有粉紅、有白、有黑、有橙、有黃。我想到牠們原是爬行的毛毛蟲，後來才變得自由和如此美麗。牠們開心地讓所有興奮看到牠們的人都感受到美。我仍然感覺像隻毛毛蟲。什麼時候我才會變成蝴蝶？

我一天大約走二十二英哩的路。我可以感覺一種溫和的魔力正在發生，幾乎溫和到無法察覺。媒體似乎跟我跟累了。一名攝影記者拍了一張我正在掛衣服的照片就走了。

我一面走一面在腦海裡修改我的秀；我為我的牧場設計了圍欄、想出新方法來為以人物為主的電影籌措資金；這種電影很難順利開拍。我打算花些錢改建臥室，並有可能在百老匯做一場小表演。在跟回家後的生活相關的思緒底下，是我內在的一個新世界。

一個坐輪椅的男子以大約二十五英哩的時速很快地經過我。他癱瘓了，我後來看到他依靠庇護所裡的人照顧他的需要。有時他們會照料他，有時候不理他。我納悶他的業力是什麼。

我遇到一位叫做寶貝康蘇艾羅（Baby Consuelo，譯註：為西班牙文「安慰」之意）的女子，我多年前曾在巴西見過她。她是一名歌手，在這裡也邊走邊唱。她的速度比我快得多，我直到最後一天才又見到她。

然後我到達了聖胡安德歐特加（San Juan de Ortega），這下才知道為什麼沿路的記者似乎都消失了。

兩百個記者在教堂等著我。阿莉和卡羅斯也在那裡。卡羅斯過來告訴我，那裡的教士答應讓記者訪問我，以換取他們對教堂的捐獻。我要卡羅斯告訴他們，我不認為這麼做是公平的。他立即照辦並責備了他們一頓，包括那名教士在內。

教士要拿大蒜湯給我喝，我拒絕了，繼續走下去。

我走出城，躺在一棵樹下，帽子蓋在臉上地睡著了。

蘇格蘭人約翰來了。他告訴我，我在摩爾女孩那一世認識其中一些教士。他說他們那時是客棧老闆，沿著聖地牙哥之路走動，交換小道消息。他們為朝聖者提供食物和娛樂，後來開始賣宗教工藝品，他們說那些東西可以保護朝聖者。朝聖者以過高的價格買下那些不值錢的手藝品，因為他們不好意思拒絕。那些客棧老闆如今是教士！

他說我以前就在這條路上認識了卡羅斯和阿莉。阿莉是個真正改信基督教的摩爾人。她在戰爭中失去父母，約翰收容照顧了她。我幫助她去法國，她在那裡受到卡羅斯的監護。他給了她一些土地。當時他也愛上了她，但他因身為基督徒，使得這段戀情無法結果。他們一直對對方忠心，而就如每個人都會舊地重遊，他們這一世又碰在一起了。

接著約翰說，「這其中有個主題妳一定注意到了，那就是戀人因為強大的偏見而愛得不夠深。那些偏見污染了每個戀人在自己之內得到完整的能力……包括妳。」我和國王就是如此，後來跟帕姆亦然。

約翰繼續說，坐輪椅的那名男子處在一段長期的瘋狂狀態。他每一世都是跛子，他立誓每個世紀都繼續獻身於這種病痛。他就像相信受苦是通往上帝的途徑，並加強其他人惻隱

之心的佛教僧侶的基督徒版本。如此重複一生的經驗有點像達賴喇嘛的情況，總是轉世回來做同樣的事情，就像一再閱讀一本重要的書。

他說，卡羅斯曾希望在聖堂騎士團的保護下，法國和西班牙境內的神聖路徑能夠統一。

他說，當我小時候還在摩爾人的土地上時，安娜曾是我的老師，現在她也對我扮演同樣的角色。

他告訴我，聖尚比耶得泊起點處那個態度惡劣的布西爾太太，是他所謂的食罪之人（Sin eater）。「她吃食其他人的罪惡，好讓聖地牙哥之路對他們比較不那麼艱難。她是法國和西班牙之間的邊界看門人。她這麼做已經好幾個世紀了，這是她態度負面的原因。她承擔了其他人的罪惡。」

約翰最後告訴我，幾天後我會在庇護所跟某人有段不愉快的遭遇，我應該照我所想的做出反應，但他之後會解釋原因。

我可以知道，蘇格蘭人約翰是我在聖地牙哥之路沿途的真正導引者。他過去也曾為我這麼做過。我無法解釋這是怎麼回事或是為什麼。這點我後來也知道了。

在布戈斯（Burgos），一個男人拿著一根新手杖朝我走來，說要送給我。手杖的頂端和底部都鑲著一個銀圈。我猶豫著，不想放棄我的老友。

那名男子帶我到一所裝潢得很好，還有一間飯廳的庇護所。他已經為當天抵達的朝聖者準備了食物。我開始警覺了起來。我不想表現得失禮，但我在想其中不知有何玄機。

卡羅斯和阿莉跟著走進來，我們坐下來吃東西。大蒜湯比平常喝的還要油膩，麵包像是已經擺了三天，葡萄酒是酸的。我們得用刀把罐頭裡的沙丁魚挖出來，因為沒有叉子。我心想這是否是個玩笑。

那男人走來走去看著我們進食。我實在吃不下去，最後說我白天吃不下東西。他皺眉。

我得對新手杖做個決定。我原來的那根像是魔法師用的彎扭法杖。我跟它已經非常熟悉，拄著它走路就像跟我慈祥的祖父一起走路一樣。但我知道新的那根對我的背會比較好，因為它很結實而且是直的。阿莉目前仍沒有用手杖。卡羅斯自己有一根。

我從桌邊站起來，拄著兩根手杖走了一會兒，然後做了決定。我要把我的舊手杖送給前一個城鎮的教士。也許他用得上一位值得信賴的朋友，但我不想走回頭路到他的教堂。

我聽見吵鬧聲，向外看去。外面又聚了一群記者，那教士就站在旁邊。我走出去把我的舊手杖交給他。他把它反過來，折斷，大笑，然後把手杖丟棄。他這樣不尊重我那位朋友，讓我很生氣。卡羅斯悄悄走到我身旁。「他內在是不誠實的。」

我沒有停下來接受詢問或拍照，我繼續走，把我的老友，那根魔法師的手杖，留在身後。

這對我是件困難的事。我對很多東西都有依戀，總是想著以後或許會用到。然後我記起一個我曾經做過的夢。我是某間龐大的卷軸圖書館裡的紀錄員。我常常把卷軸借給想研讀的人。當圖書館的館長要我交出一份詳細的紀錄清單時，我發現大部分的卷軸都不見了。他非常生氣。我發誓以後再也不會讓這種事發生在我身上。

現在我持著新手杖前進，想著我跟物品之間的關係，想著如果我是個真的難民、什麼都沒有的話，我會有什麼感覺。一方面我會覺得得到解放；另一方面我又會覺得受到剝奪。塵世生活是位在中間的某處——中道，如佛教徒所說的。用琴弦來比喻這個概念的話，如果弦上得太緊就無法彈奏；如果放得太鬆，就會垂下來。能製造出美妙樂聲的張力是鬆緊適度。

現在我總戴著帽子，因為我染過的髮根逐漸顯出原色了，我覺得尷尬。

阿莉和卡羅斯為了他太太起了爭執。他們吵架的時候總是不等對方講完就插話……說什麼他太太很胖，沒人喜歡胖子。卡羅斯對阿莉很專制，阿莉則很任性。阿莉說她把手錶忘

在庇護所，於是跑回去拿。一會兒她回來了，說原來手錶一直在她袋子裡。我每天早上離開庇護所的時候，也會害怕把什麼必需品給遺漏了。

天上開始落起巨大的雨滴。我看到一個孤立的電話亭，打了通電話給我在加州的朋友安瑪麗。她說她把我先前打電話回去的錄音放給我女兒莎琪聽，莎琪哭了，因為她不了解我為什麼要這麼做。莎琪從來不了解我或我所做的追尋。不過，我想到，又有誰能了解呢？

颳起了一陣狂風，我披上黃色的披風式外套。路面上滿是坑洞和裂縫隙，石頭在腳下滑動。風雨讓汗水和塵土的味道更重了。在風雨中我感覺不到背包的位置，它被吹來吹去的。我腳步蹣跚，但很喜歡這種包在防水披風下的安全感。我滑下山丘，擔心錯過了黃色箭頭。阿莉身上披著一件 Gucci 的披風，雙層的 Maxfield 網球鞋沾裹了直到腳踝的泥巴。卡羅斯帶著他巴斯克人的決心大步向前走，讓我咯咯地笑起來。我們都沒跌倒。暫時不會有記者了。

幾小時後我們偶然發現一間小酒吧。我不知道我們在哪裡。酒吧裡擠滿了男人，邊抽菸邊對電視上總也播不完的單車賽大吼大叫。吵得讓人無法思考。老闆娘端給我們咖啡，阿莉朝她的杯裡一看，尖叫起來。杯裡有一隻蒼蠅。她嚇壞了。卡羅斯命令她什麼也別說，伸手把蒼蠅撈起，放在櫃臺上。老闆娘很糗，給了阿莉一杯新咖啡。

接下來卡羅斯和阿莉討論起「普通」人。我搞不清楚他們誰是站在哪一邊。卡羅斯的語

10

氣很跋扈，阿莉則覺得她受到侮辱。卡羅斯說他無法忍受普通人的舉止。然後我開始描述我一九七三年的中國之旅，像他這樣的帝國菁英在那裡都被下放到公社，學習種植蕃茄的神奇和光榮。他說，「嗯，凡事都有它正向的一面。」

這時阿莉尖聲說，「嗯，我大老遠跑來這裡，可不是為了要發現散個步這麼累人，然後還在我的咖啡裡發現蒼蠅。」

「不，」卡羅斯說，「妳太不小心了，沒看見送來的咖啡裡有蒼蠅。」

「不，」阿莉說，「是老闆娘太不小心，才會在端來給我的時候沒看見裡面有蒼蠅。」

我感到困惑。蒼蠅明明在櫃臺上，而且阿莉也有了另一杯咖啡。

然後卡羅斯說，「妳喝咖啡，蒼蠅在裡面，然後就這麼下去了。」

「不，」她回答，「不，才不會就這麼下去。這就是你跟我不一樣的地方。」然後她乾嘔一陣，說都是那蒼蠅害她感到反胃。

這時候蒼蠅早丟到垃圾桶去了，但他們還是吵個不停。

「昨天晚上我在庇護所裡快凍死了，但我寧願死也不想把那裡的毯子蓋在身上。」

「是啊，唉，」卡羅斯說，「我把我的睡袋讓給妳，妳也拒絕了。所以妳很冷。」

「我周圍的所有東西都好髒。」阿莉繼續說。

「沒有這麼糟，」卡羅斯說，「妳必須學會成為人們的一份子，不要這麼嬌生慣養。」

現在我真的困惑了。他們兩個都不喜歡「普通」人，但那必然是個很好的吵架藉口。這場蒼蠅與普通人的架繼續吵了一個小時。也許他們應該結婚的。我感到自己沉默地伸出手指指著他們，另三隻指向我自己。

我走到屋外。狂風已經停了。一片安寧平靜，完全看不出剛剛曾有過狂風暴雨。

我現在水泡上又磨起了水泡。我需要把水泡刺破再縫起來。我需要洗個熱水澡。我需要在一間臥室裡獨處。我需要感覺頭髮是乾淨的。我需要照鏡子。我需要重新整理我的錄音帶，甚至弄清楚到底有沒有錄進去。我在布戈斯某處找到一間旅館，住了進去。決心要成為普通人一份子的阿莉和卡羅斯說要去住庇護所。我記起劇作家克里佛・歐德茲（Clifford Odets）臨死前曾對我說過的話。「妳不曉得在不比蒼蠅眼睛大的事物裡有著多少樂趣。」

在這間奢侈的小旅館房間裡，我用熱水洗了所有的衣服，用真正的肥皂洗個長長的熱水澡，用真正的洗髮精洗頭，有私人的馬桶可用，並護理了我的水泡。我明白了這些水泡這麼嚴重，是因為使用新手杖時我身體的重量轉移了。然後我有個有趣的想法：智慧是由我們藉以站立的東西來表示——就是我們的雙腳。這是為什麼聖人讓在啟蒙初期的人替他們

10

洗腳。雙腳接收了大地之母的智慧能量，使我們與自己的平衡有所聯繫。聖人們走聖地牙哥之路時，是否曾坐過牛車？搭巴士是否代表了牛車的現代版？

我想到我出生在金牛座。我是土象星座。一位占星學家告訴過我，金牛座的人跑的時候喜歡在腳踝上有重量，因為他們是固定土象的人。金牛座的人具有踏實的智慧，同時掌管跟愛、美和感官有關的事項，因為金牛座的守護神是維納斯。我這一世是金牛座，我出生在四月底，要處理的是肉體之愛，以及平衡陽剛和陰柔的能量。金牛座是最稠密的星座，意味著我來到人世後，想要經驗最原始的身分。我選擇了一個辛苦的肉體生活，因為我是金牛座。而且我還是蘇格蘭─愛爾蘭的金牛座。蘇格蘭人約翰說過，蘇格蘭─愛爾蘭人是精通悲傷的大師。這是什麼意思？我們奔放不受約束倒是真的。但那是為了要將悲傷轉向嗎？而悲傷又來自哪裡？我不應該將悲傷和憂鬱混為一談，這是兩種很不相同的感覺。

我躺在既有隱私和乾淨床單的柔軟床上睡著了。蘇格蘭人約翰沒有來拜訪我。我反而夢到常做的那個大猩猩的夢。那頭龐大的大猩猩在追趕我。牠追著我跑遍全世界，跑了好幾個國家，跑上山又跑下山，越過丘陵和河谷，直到最後我發現自己來到世界的邊緣。我知道為了逃離牠，我要不是跳下深淵，要不就得轉身面對牠。我選擇面對。我直視牠的眼睛說，「現在我該怎麼做？」牠回答我，「我不知道，這可是妳的夢。」

人生是否就是我的大猩猩？而它是否在對我說，「這是妳的夢。妳想用它來做什麼就做什麼」？

11

穿過聖胡安德歐特加、布戈斯市、卡斯卓赫利茲（Castrojeriz）、芙羅米斯達（Fromista）、卡里翁德洛斯康特斯（Carrion de los Condes），我繼續朝薩阿袞（Sahagun）走去，有時跟別人一起，有時獨行。每個村落都有美好清新的飲水泉，我會停下來喝水、思考、享受。蘇格蘭人約翰似乎是有意不來找我。我現在是獨自一人，跟自己的理解力。阿莉和卡羅斯現在也有了自己的步調，他們沒有跟我走在一起。我在想不知什麼時候要跟他們道別。我總是很難離開別人；把別人留在後頭令我感到內疚。我知道我們都有自己的旅程，而成功有一部分就是要在最前面，把其他人都拋在後頭。我注意到富有的朝聖者總是前進得比較快，因為他們比較目標導向。他們似乎並沒有成為聖地牙哥之路的一部份，或成為他們腳下的道路或鄉間，或天空，或花朵、小麥和雲朵的一部份。他們似乎從未忘我。

有些朝聖者說他們可以看出我是否住在某個庇護所裡，只要看我的衣服有沒有掛在外面的繩子上就知道了。

一位醫生醫治了我的水泡，我想付他一千元西幣，他不肯收，反而走出去帶了花回來給我。「當有人為上帝行走，別人不應該向他們收費，他們反而該被獎勵。」他說。

我在一座小村子外朝著一個有箭頭的木柱走去。上面刻著烏特瑞亞。

布戈斯市充滿了豐富的歷史和藝術。城門口的牆外，佇立著聖約翰福音醫院的古老遺跡，旁邊是靜默而撫慰人心的聖本篤會修道院。我從建在護城河上的一座中古世紀的小橋上走過，發現自己進入了一座中古世紀的城市。在此處一座可追溯到十三、十四世紀的雄偉大教堂裡，有著傳奇人物席德的墓。（El Cid，譯註：席德是西班牙傳說中的英雄人物，文學史上並有《席德之歌》，可謂西班牙史詩的濫觴）這座壯麗古老的歌德式建築令我著迷不已，想著我可能在它建成前的好幾個世紀就來過這裡了！

在布戈斯和卡斯卓赫利茲之間，我穿過了聖地牙哥之路上著名難走的幾段路之一。我一直都在爬坡，越過一條從叫做「核桃畜欄」（Corrales de la Nuez）的農莊區流出的溪流上游，然後走到第一個高原，也就是西班牙乾旱的平原區，這裡很像一片麥田的沙漠，很貧脊。

突然間，我的容忍度受到更進一步的考驗。

蚊子和飛蟲朝我蜂擁而來。我的背包裡有防蚊網，但一切發生得太快，使我猝不及防。

在我停下腳步拉開背包拉鍊的時候，我的臉已經成了人肉大餐。牠們鑽進我的頭髮、眼睛、耳朵，叮我的手，還直朝我的緊身褲和鞋子衝去。

我想起我在基薩（Giza）的大金字塔躺在國王墓室的石棺中度過的那一夜。傳說中，如果你躺進那石棺，眼前就會顯現你需要釐清並解決的事情。我的弱點之一是蚊子，我無法忍受蚊子。有時候我跟別人在一起，蚊子卻只會來煩我。我吸引我所畏懼的東西。就這樣，當我躺進那石棺裡，突然間牠們就出現了。我完全不知道牠們是從哪冒出來的。我躺在那裡冥想著要牠們離開。但我對牠們的態度是基於恐懼，所以牠們不肯走。當時我還沒學會問我自己為什麼擔憂，而非為什麼害怕。我在那裡度過了悽慘的一夜，我帶去的一根香茅蠟燭略微減輕一些災情。

現在我又碰上了同樣的問題。我在蚊子蜂擁的攻勢下，終於把防蚊網在頭上罩好——感謝上帝，沒有蚊子被罩在裡面。我看著牠們試圖穿透我的襯衫袖子和緊身褲叮我。有防蚊網擋著我真好，我加快了腳步。我再一次想著，我為什麼擔憂？因為我不想被咬死。我知道這很可笑。但我也不喜歡牠們吸我的血這件事。我笑我自己。也許這是來自某段身為吸血鬼的前世經驗。

再走了一會兒，我遇到兩個德國男人。蚊子沒有騷擾他們。他們說當天他們已經走了四十八公里（將近三十英哩）。其中一個快要做爸爸了，他要在聖地牙哥之路決定要不要

11

娶那個女子。他說根據德國的法律，如果他不跟孩子的媽媽結婚，而她日後若出了什麼事，政府就會把孩子帶走，安置在孤兒院。另一個男子則是跟太多男人和女人談戀愛，因此來走這條路好把自己想清楚。

我們談著承諾、水泡，聊著棉布和坎博萊質料各有哪些優缺點，直到我的蚊群到別處去吃大餐。我繼續獨自行走。

二十英哩後我抵達了芙羅米斯達，約翰的預言在此成真。

那間庇護所感覺滿不錯的，後面有個院子，還有一條很好的曬衣繩。我洗了一組T恤，掛起來好讓它們在夜裡晾乾；然後我清理了靴子，小心地放在一張我選擇的床位下。庇護所裡沒有別人。

這時角落裡突然閃出一個女人，尖叫著說繩子上有衣服。她一把將衣服扯下丟在地上，開始為了我不了解的原因痛罵我。我不知道她是誰，不知道她跟這庇護所有沒有關係。我把濕衣服收好折起來，放在床上，然後坐下。她站到我面前又尖叫起來。我不知道該怎麼辦。有對男女走進來，她對他們尖叫，他們轉身離開。我坐在我的床位上聽著那女人抓狂。她的眼睛就像野狗一樣。我站起來，試著想了解。這是什麼意思？她轉身向牆壁尖叫，然後離開。

我全身發抖，開始哭了起來。我覺得自己在瘋狂的世界裡完全孤單一人。我能應付大部

分事情，如果我了解的話。但瘋狂是沒有邏輯的。我拭去眼淚。我需要振作起來。我脫下衣服，把小毛巾遮在身前，找到一間浴室。也許沖沖冷水會有幫助。就在我用冷水沖去緊張時，浴簾拉開了，一個攝影記者踏了進來。他把閃光燈湊到我臉上開始拍照。我猛打他，直到他手上的照相機掉到水裡。我用我僅會的幾句西班牙文，叫喊著要他離開。外面還有其他攝影記者，我對他們叫喊直到他們消失。我仍然在發抖，但我擦乾身體穿好衣服，走了出來。外面沒有半個人。這全是我自己編出來的嗎？我穿著一雙輕便的夾腳涼鞋，但腳痛得幾乎走不動。手臂感覺像鉛做的一樣重。我腰上繫著裝著錢和信用卡的腰帶，走進了村裡。我看到一座電話亭，用信用卡打了電話給待在我新墨西哥牧場的朋友。當他們接起電話，我光是聽見他們的聲音一時間就覺得安全了。然後我聽見背景裡有電視的吵雜聲。我聽見一個激動的電視新聞記者的聲音，他顯然正在報導洛杉磯公路上的一場飛車追逐。有人殺了自己的妻子，正往墨西哥逃逸。那個人是O・J・辛普森，他太太和她的一個朋友被割斷了喉嚨。我是在真實世界裡嗎？而何者又更為瘋狂——西班牙的庇護所還是天使之城？（Los Angels，譯註：洛杉磯此名原為西班牙文，就是「天使之城」的意思。）

第二天早上，我獨自向非常乾旱的平原區前進。阿莉和卡羅斯還沒走到芙羅米斯達。路上散佈著零星的小石塊，因此我的娛樂就是要弄掉進鞋子裡的兩顆石頭。因為要停下來把它們弄出來會耗費太多精力，因此我玩著一個遊戲，用腳趾把它們滾來滾去，這樣才不會

11

因它們起更多水泡。起了一陣風。我停下來把石塊弄出來，把帽子戴緊，繼續走下去。沒一會兒，鞋子裡進了更多石頭，我想不出它們是從哪裡進去的。在風中我試著專心注意哪些石頭會跳進我的靴子裡，完成它們要造成水泡的使命。風吹起了塵沙，撲打著我的臉。

我在美國有朋友與霍皮族印地安人有往來。霍皮人說，從二十世紀的最後十年一直到進入下一個千禧年，人們有需要「把自己綁在樹上」。換句話說，「風很大」。他們說天氣會變得難以預料，並且會「以風雨清滌許多東西」。他們說我們必須能自給自足，並且回歸到從大地之母種植我們的食物。最重要的是，他們說，人需要走進自己的內在，才會對將發生的事有靈性的了解。

他們的預言跟馬雅預言符合。從我所見的天氣變化來看，他們似乎說得相當正確。

在我就這麼走著的時候，我看到一群群鸛鳥。牠們在高高的樹上和村莊裡的教堂尖塔上築巢。牠們下方聚集了好些狗群。風停了。

蜜蜂、蝴蝶、鳥兒以及一些蚊子，在一眼望去無邊無際的天空和原野上飛來飛去。地上躺著一隻死豪豬，是在過馬路時被撞死的。這我能了解。由於新手杖造成我重量的轉移，使得上半身非常酸痛。我還沒有給這根手杖取名字。我的天使艾瑞爾已經幾個星期沒出現了。蘇格蘭人約翰似乎替代了那散發著香草氣息的天使。但他也不在這裡。我彷彿在出神的恍惚狀態中前進，邊走邊冥思著我的人生際遇。要離開我自己是不可能的。我所有的就

是自己而已。我的腿開始痛得很厲害。我可以了解為什麼人們會放棄了。事實上，到了這裡已經有很多人放棄。我看到鞋子、長褲、襯衫和書本被丟棄在路旁。我懷疑是否有任何人打掃過聖地牙哥之路。

每當我覺得熱得無法再走一步時，就會吹來一陣微風，像是上天所賜的禮物。如果我要在七月四日走到康博斯特拉，就得將速度加倍。於是我加快了腳步。我跟我母親實在很像。一旦她下定決心要完成一件事，就沒有任何事或任何人可以使她分心。她總是走超過了她的長凳。以前我常看到她進入渾然忘我的堅決狀態，直到把事情做完，不論有什麼令人分心的東西、不論什麼後果。我十歲就開始仿效她了。成年之後我發現自己顯現出許多她的堅決特性，甚至到了令她震驚的地步，這倒是頗反諷的。很多次她都說我太不屈不撓、不肯放棄。她還覺得奇怪，不知我這種個性是從哪裡來的！她會不解地大搖其頭。

一個比利時的健行者把我攔下，說我在某個前世是他姊姊。這或許是真的。他帶著一根球棒和某個有點大的裝置，說可以癱瘓任何攻擊他的狗或人。他想談論上帝、宇宙以及生命的意義。我不想。我只想要安靜。我告訴他安靜獨行比較好。他要我祝福他，這令我極端不自在。我不喜歡被視為「新時代」的大師，這也是我之所以不再帶領研討會的原因。太多人把他們的力量交付給我了。我並不是他們能從中得到收穫的原因，他們自己才是原因。當有人開始跟著我到別的城市時，我就知道該停止了。我並不真的比任何人知道得多。我甚至無法解釋我為什麼要來做這趟朝聖，除了進行一段穿越我自己的旅程之外。

11

我現在在一條山區的步道上，突然走到了盡頭。前面沒有路，找不到任何黃色箭頭。我又迷路了。我回頭走了差不多五個小時，直到來到一座斷橋旁。我不知道該往哪裡走。我聽到一些車聲，因此循聲走到一條人跡稀少的公路。我沿著公路又走了幾小時，尋找黃色箭頭。開始下起大雨，我穿起我的 Gore-tex 外套和塑膠披風。天氣變得很冷。

一名駕駛停下了車。「箭頭錯了。」他用西班牙文說，「橋斷了幾個月。沒有人修。」

「那麼我該往哪裡走？」我問。他向西指，當然了，沿著公路。我正是在朝西走。「烏特瑞亞。」他邊喊著，車子也逐漸遠去。

我把披風包緊了些，又走了一段路。最後我看到一個黃色箭頭指向山裡。我跟著走。現在我的水喝完了，也沒辦法接雨水。我一直走，直到發現自己來到一處像軍事設施的地方。兩名士兵攔住我。「不許往前。」他們說，「不許再往前。妳跟的箭頭是兩年前的。」

哦，天哪，我想。這下我真的困住了。我離開他們往回走，口非常渴。我從早上六點就開始走了，現在已經傍晚六點。

兩個年輕女孩拿著一瓶水和一束花走向我。我看見樹林間有一座像娃娃屋的小房子。

「我們看到妳的照片——烏特瑞亞。」她們退到一旁，再次指向路。

我朝那個方向走去。我必須在天黑前找到庇護所，而我甚至不知道下一個是什麼村莊，它又在哪裡。等我走到女孩們的視線範圍外，我停下來小解。我蹲的地方有一個蟻丘，螞蟻爬上我的腿叮咬。我倒出瓶裡珍貴的水淹沒牠們，然後繼續走。

我不要害怕。我在紐約的一場晚宴裡。然後我在太平洋裡游泳。我在拍片現場的拖車裡等候換景。我在舞台上演出。我在腦海裡編織出一片模糊的活動景象。

我一路又經過了四顆螺絲釘。我真的迷路了。我不知道該怎麼辦。不知為何，我想到我父親會怎麼拿路上的那四顆螺絲釘來取笑。「這回妳真的搞砸了。」他會說。（譯註：螺絲釘的英文為 screw，而 screw up 是「搞砸」之意）然後突然間，我感覺他在我身邊。當然不是說他本人在這裡，但我感受到他的能量。接著，我母親在他旁邊。他們什麼都沒有說，他們只是撫慰我。然後我感覺他們把我推向另一條幾乎隱蔽不見的小徑。我順著那條小徑走下去，他們似乎走在我身邊。我感覺這是他們兩人往生之後第一次一起出現。我很強烈地感覺到他們一起從另一個世界來引導我。我眼中充滿了淚水。然後我看到一條馬路。這時我的感情已經決堤，我想要跟他們說話，問他們好不好。另一個世界是什麼樣子？但一輛卡車停了下來，司機說要載我一程。我向他謝謝，婉拒了好意，他點點頭，似乎了解我的意思。他指點我走向下個村莊的路，說往前再走一點就有個正確的箭頭。我再度集中精神去感覺我父母。但他們走了……。他們在世的時候總是支持我幫助我，現在他們也這麼做。

我找到箭頭，又繼續走了幾小時，想著我父母如何將一生奉獻給子女而犧牲了自己的夢想。我想著，如果他們沒有那麼做，我的人生不知會是什麼樣子。然後，滿心感激地，我走到了一個村子，找到了庇護所。

我沒吃晚飯，只喝了水就睡了。想著我的父母，感覺他們正在天上向我微笑。

12

接下來這天截然不同。天氣的關係，每個村莊都朦朦朧朧的。我在巴連西亞省（Palencia）的某處。再次獨行。

天氣先是陽光耀眼，然後下了場大雨。天上出現兩道彩虹，鼓舞我向前。在彩虹與地面相接之處，我穿越了那些色彩，呼吸進那些紫、紅、橙和黃色。我吸進空氣，讓它在我腦細胞裡繞圈，然後再呼出來。我的腦和意識變成了彩虹。我想著彩虹的顏色，想著那些色彩如何與人體中神祕的能量系統相應。西方很少有人了解，甚至聽說人體的脈輪系統。脈輪一共有七個，每一個都是能量中心，透過它們，我們得到平衡和覺察的意識。印度教徒和佛教徒很熟悉脈輪的重要，但這基本的知識在新世界尚未被普遍接受。

每個脈輪都有個顏色，並且跟生活的議題相關。例如底輪位於脊椎尾端，是我們能量上體驗打鬥或逃跑的位置。它的顏色是紅色。稍稍往上，接下來的能量中心是橙色，它跟創意及性慾有關。第三個是黃色，跟個人力量有關。第四個是綠色的心輪，我們由此體驗愛；第五個是藍色，位於喉部，跟個人表達有關；第六個是靛藍，洞察力、異象的脈輪；

第七個是紫色，位於頭頂，是靈性的中心。

當我抬頭看著彩虹，這些色彩再次提醒我，它們與人類脈輪系統的內在顏色相對應。我們每個人都是自己的彩虹。在高度發展的靈性圈，人們每天早上都會進行脈輪的平衡，因為他們了解要這樣才能快樂。不平衡的脈輪會產生惡劣的情緒，透過冥想每個脈輪位置的顏色，我們可以改變壞情緒的能量。

我吸進一口氣，想像彩虹的每個顏色流過我的脈輪系統。我需要的一切都包含在這些色彩裡。佛教僧侶就是這樣達到至樂的。

慢慢地，我的腿和腳不痛了。我的肩膀放鬆了，步伐甚至輕盈到跳躍了起來。幾乎感覺不到背包的重量。我發現自己走路時是用腳尖，而非腳跟著地。我記得看過喜馬拉雅山區的喇嘛就是這樣飄然下山來的。他們的腳尖輕盈點地，看起來就像是飄浮於地面。我看過喇嘛浸泡在冰水裡，當他們冥想時，身上就冒出熱氣。他們知道觀想能量的重要，那比肉體的力量更強。事實上，它能夠影響肉體。他們知道意識就是能量。這就是西藏醫藥那麼有效的原因，它活化了每個脈輪中心的氣（也就是生命力），因而治癒身體。

山坡上的樹木似乎隨著風的音樂舞動，這是我最愛的管弦樂演出。烏雲打的雷是打擊樂器，然後閃電有如鐃鈸鏗然，接著我被中提琴、大提琴和笛聲交錯的雨聲籠罩。我敞開Gore-tex外套，扯下披風。對於我的這場管弦樂，我不想要任何保護了。

我聞到空氣中的臭氧，知道這會帶來更多閃電。

我感到全然的快樂，我跟身邊的一切融合為一。我展開雙臂歡迎雨滴，開始轉著圈圈。雷聲的定音鼓為我轉圈圈打節拍，直到我在閃電的響亮鐃鈸聲中猛然停止。我抬起頭，看見暴風雲層上方隱約透著陽光。我的雙眼感覺到那份暖意。當我凝視雨中陽光的反射，我發現雲層上方又多了兩道彩虹。然後打擊樂聲停止，小提琴般的微風吹走了戲劇性的雨水樂章，四下一片沉默。樹木搖擺著、激賞地躬身，彷彿它們也很喜愛剛剛所參與的這場精彩表演。我覺得自己像是這場管弦樂的指揮。

經過了這麼神奇的一天，棲身的庇護所卻很噁心，彷彿上帝在提醒我事情總有不同的兩面；二元性的存在。

地板上滿是垃圾和灰塵，骯髒不堪。屋裡瀰漫惡臭。我不知道自己身在何處，這並不重要。我把睡袋放在一張被老鼠啃爛的床位上，拉開了拉鍊，然後小心地，不碰到任何東西地慢慢鑽進去。我對四周旅人的鼾聲和咳嗽聲不以為意，他們都已筋疲力竭，沒有餘力注意到這裡的環境。我用一張珍貴的面紙擤鼻涕，把它收在身邊，因為知道明天早上在洗手間可能還要用到。當你學著什麼都不帶時，僅僅一個塑膠袋或一張面紙也可能像黃金一樣貴重。我聽著滿地亂竄的老鼠，心裡希望牠們不要爬到我床上來，然後沉沉入睡。

12

那一夜我夢見我去了天堂，那個天堂在一個機場裡面。我父母在那裡接我。父親站得直挺挺的，好奇地看著我從某種飛行機器下來。我環顧四處找我的母親，她蜷縮在天堂的牆邊。當時我無法解讀那個夢，但我相信現在我對它有點了解了。我父親以一種沒有路線的方式過了一生。他注意沿途的每一樣東西。時間對他永遠不很重要，這是他基本上沒什麼成就的原因。我母親則總是為她的子女望向道路的終點，一心希望我們趕快到達。我父親會了解我對那場風雨的欣賞，而她則會說，「走快一點，成功回家。」儘管我比較像是我母親目標下的產物，我還是試著在這兩者間取得平衡。過程，也就是道路本身，就是實現與成就。

阿莉和卡羅斯夜裡很晚才到。阿莉小腿下部的肌肉拉傷，她拒絕睡在骯髒的庇護所裡。我翻個身繼續睡。

醒來時，卡羅斯正在打掃。旁觀的阿莉又吞下一顆 Advil（譯註：美國一種很普遍的止痛藥，類似普拿疼）。現在她靠 Advil、葡萄酒和鎮靜劑過活。然而，她還是沒有起水泡。

一個英國女子加入我們，她表示她必須回英國幫助她先生。話題不知怎地變成討論不忠。她說她絕對沒有對丈夫不忠過。然後我轉向卡羅斯，很自然地問他是否曾對妻子不忠。他微笑著回答，「二十六年來從來沒有。」我問他為什麼微笑，他回，「因為妳居然

會想要問我這個問題。」

阿莉當然翻了個白眼，她不相信。我則不確定。那位英國女子突然尖叫起來，我們全轉過頭去看她怎麼了。

「我的結婚戒指不見了。」她說。

我聞到自己身上衣服的味道，我發誓在旅程結束要燒了它們。

我現在已進入第三個禮拜，從卡里翁德洛斯康特斯到薩阿袞之間的這段路，是我遇到最艱苦且單調無趣的經驗之一。

我步行穿越平坦乾旱的平原區，四周是一哩又一哩的麥田和玉米田。如果我在這些高及腰部的小麥和玉米間倒了下去，不會有人知道，除了也許另一個朝聖者踢到我而被絆了一下外，但也絕不會注意到絆到他的是一個人。

看不見又無法預料會在何處出現的石塊，逼得我想起奧林匹克運動員的運動心理學。最重要的是保持放鬆但警覺。這會用上所有我曾聽過的東方紀律。我這根新的牧羊人手杖很友善，但我不能太傾身拄靠它，否則臉會被搖曳的作物割傷。我的肩膀提醒我，我的姿勢

12

隨著老年而逐漸垮了——而我的腳？這雙腳簡直像是科學怪人的，上面滿是老繭，像蹄子一樣。

我努力繼續往前走，宛如置身夢中。蘇格蘭人約翰在哪裡？大天使艾瑞爾在哪裡？還有比佛利山大飯店的波羅廳在哪裡？那天我走了又走，走了十個小時，慢慢領悟到如果我不了解和接受我身為人類的內在裡有些什麼，我就不能了解世上任何事……不能真正了解。我……我們……身為個體，就是問題所在。如果我們每一個人了解自己是誰，這個世界就會是比較快樂的地方。這一點我要領悟幾次才夠？

我的朋友安娜曾跟一位住在這個平原邊緣的男子交往過。她說他住在一個有紅屋頂的餐廳和酒吧的地方。她說他會張開雙臂歡迎我，給我橘子汽水和冰棒。

他名叫西撒，是她在走聖地牙哥之路時碰到的戀情。他和弟弟住在一起，照顧已經走過平原區的朝聖者。

安娜在旅程的麥田裡虛脫昏倒，經驗到很不同的體驗。她說她倒下去時以為自己會就這麼死去，她完全沒力氣再走下去，水也喝完了。她看到一道光，她將之解讀為上帝。然後一個聲音叫她站起來繼續走。她說她從那道光裡感受到一份無限啟發的愛，那是她無法用

言語形容的。

我想到有一次我父親撞車的事。他說那時他很不快樂，喝了幾杯酒。他說他感覺自己離開了身體，很迅速地飄向一道明亮的白光。他說那道光是那麼地充滿了愛，他一心只想朝著光去。他說那是純粹的愛。然後，他想到需要他的人。當他腦中一出現那個念頭，他立刻回到了自己的身體，感覺疼痛不堪。但他說，「我知道我那天死過，那實在太美了，所以我再也不畏懼死亡。當時我的時候還沒到，但等時候到了，我就會再看到那道光和愛。」

安娜也這樣描述她的經驗。當然我已經聽過很多人都有過幾乎一模一樣的瀕死經驗，也有人說看到了死去的親人和心愛的人。

那是否就是我所尋找的？我沒有看到任何光，但我確實跟不再存在於身體裡的人交談過。或許就是因為我已經對那道光和靈魂將繼續存在有所認知，因此我的頭腦能夠接受他們所教我的事。我聽到了歐拉夫・帕姆和蘇格蘭人約翰對我說話。他們是真實的。他們不是肉體或具象的，但他們真的存在。那現在他們在哪裡呢？

在平原上走了十小時，就在我覺得快要倒下去的時候，我看見了那個紅屋頂。而西撒也正如安娜所說的，張開雙臂歡迎我。住在聖地牙哥之路沿路的人，有辦法知道他們關心的朝聖者走到哪裡了。安娜打過電話給他，要他注意我有沒有經過。走在我前面的其他人一定也通知他了。

現在他就在那兒。我蹣跚地走向他。他遞給我一杯橘子汽水，帶我走進屋裡。他大約三十五歲，高個子、暗色髮膚，非常英俊。安娜的品味很好。

那間餐廳兼酒吧設備現代、整齊乾淨，很吸引人。「進來吧。」他用完美的英文對我說，「不管妳要什麼都行。如果妳要我幫妳寄東西回家也可以。」我在想不知道可不可以把一部分的我寄回家去。

西撒的弟弟從樓上的房間走下來。其他的朝聖者無精打采地坐在靠桌邊的椅子上。每個人都累得說不出話來。他弟弟端給我沙拉和麵包。他知道我吃不下別的了。

「妳已經走了一大半，快要完成聖地牙哥之路了。」西撒說，「要勇敢。別停下來！」

就算我想停也沒辦法。我要到哪裡去找飛機呢？

他弟弟問我要不要上樓小睡一下。我婉拒了，我知道這樣會打斷我的節奏。

他們跟我坐在一起。我仔細看著西撒。安娜跟他相處了三天，她說這段戀情對她的婚姻有極大幫助，因為給了她不一樣的東西，她感到自己完成了在這條浪漫、女性化的道路墜入愛河的需要。因為西撒，她跟自己相處得更好。

他問到安娜。我告訴他我非常喜歡她，她又是如何在這趟不可思議的經歷中幫助我。他點頭，說她也幫了他很多。我沒有問是以何種方式。

我跟他們和一些朝聖者一起聊了幾個小時。他們親切、和善，也不肯收我的錢。

這兩個長得很帥的兄弟住在這條空蕩、艱困的路途上，盡一切力量服務朝聖者。

也許他們並沒有那麼與世隔絕。我相信有很多尋找生命意義的女性朝聖者，在與他們共度的一兩天裡找到了答案。我知道我再也不會見到他們，但他們令我印象深刻——沒有深刻到足以讓我上樓去……但印象深刻就是了。

我向他們在卡札迪亞德拉古耶札（Calzadilla de la Cueza）附近的這個綠洲道別，想著性愛就像聖地牙哥之路一樣，是一場在想要和需要的東西之間的舞蹈。

13

幾小時後，那個坐著輪椅的瘸腿男人咻地經過我，沉浸在他自己某種宇宙旅行的出神狀態裡。每當他抵達庇護所，人們通常都會照顧他，因為他似乎充滿一種堅定不渝的對神的信任。他完全沒有錢，也沒有能力照顧自己。但沒關係。上帝是他的副駕駛。

在前往薩阿袞的路上，一個騎著腳踏車的男子攔住我。他替哈維耶問候我，哈維耶說他會在聖地牙哥之路某處跟我碰面。我眨了眨眼，記起蘇格蘭人約翰告訴過我的話。

他還說那名來自巴西的歌手雙腳流了很多血，她在我後面兩天的地方。他說她丈夫則在我前面兩天之處。我根本不知道她有丈夫。也許那丈夫自己也不知道。

朝聖者都習慣在庇護所的留言簿上互相留言。愛爾蘭女孩留了一段話給我。「要小心哈維耶。他是個色情狂，每個女人的床他都想上！」對我而言，他也就是這樣。

這一天是六月二十一日，一年中白晝最長的一天，也就是夏至。

我一面走，一面逐漸看到不同深淺的紫色蘊含在樹木和草葉的顏色裡。我瞇起眼睛然後再張大。我無法計算看到的顏色。然後我記起靈性大師們提到，當你調整進入了第四次元的實相，你會看見神聖的、不同深淺的紫色（頂輪的顏色）。第三次元就是我們所知的物質實相。第四次元是超越物質世界的感知。他們說當人領悟到靈性次元存在於每一樣生物之中，紫色和薰衣草色就會變得更明顯可見。他們說靈性次元是真正的實相。他們還教導，我們已被設計成是自己給自己製造問題——心理、生理，甚至靈性的問題。因此我們對和平並沒有準備，甚至不是真正渴望它，因為我們不熟悉這種情緒。事實上，大部分人會覺得至樂與和平很無聊。但是。我們不再需要經由痛苦、紛爭和衝突來學習覺醒了。現在該有一種新的領悟，即我們最根本的身分是靈魂，而且平靜平衡。我們已經遺忘了這點。再一次，他們說我們本質上是靈性的存有，生活在物質的世界裡。我們身分的正確形容是靈魂存有，而非物質存有。我們不知怎地把這一點搞反了。我好奇這究竟是怎麼發生的。幾天之後我就會發現了。

到達薩阿袞時，我又打了通電話給凱瑟琳。她說她鼓足所有精力，去了巴黎最後一趟。她知道再也不會見到那個地方。她說她看到了新的色彩，在花朵、人們、市場，甚至空氣裡。

「現在一切在我眼中都是那麼美麗。為什麼在我知道自己快死了之前，我沒有看到這些美麗呢？」

13

「但妳不是快死了，」我說，「妳只是即將往生而已。」

「往生到哪裡？」她問。

「到妳的下一段經驗去，我猜。」我說，「我想妳會發現那裡也很美。妳現在就看到了另一個次元的片段了，不是嗎？」

她遲疑了一下。「是的，的確是。這些年來妳所說的就是這個嗎？」

「沒錯。」

「妳是不是跟我說過，妳父親瀕死時看到不可思議的美？」

「對。」我說，「他還常告訴我說他在夢裡看到他死去已久的親戚。他說他知道他們會在那裡等他。」

一陣長長的沉默。

「哦，天哪，」凱瑟琳說，「等我再看到肯，他是不是又要把我拖到谷底去了？」

「我看不出天堂裡怎麼會有谷底。妳到了那兒，就是到了那兒。」

「妳認為我們在人間失去了樂園嗎？」她問。

「是的。但我不知道這是怎麼發生的。」

「到妳的朝聖之旅結束時，妳會知道嗎？」

我不知道該說什麼。我決定告訴她我跟艾瑞爾以及蘇格蘭人約翰跟我交談的一些經驗，還有我學到了什麼。然後我告訴她我不太敢告訴別的人，因為他們會認為這些是我編出來

的，或者我瘋了。他們也會認為我是個無可救藥的自虐狂。

在我解釋完這一切我想會令她很困擾的事情之後，她說，「當妳決定告訴任何人的時候，照妳自己的方式去做。這是妳的真相。每個人都有自己的實相。我的總是那麼知性，要到快死的時候才發現還有其他的實相。」

她又談了一會兒。然後她說，「別擔心，妳回來的時候我會在的。我想再多聽一些，也確定一定有更多可聽的。」

我們掛上電話。

不久後，一個男子朝我走來。他帶著他的狗，說他已經走了七年了！

我每到一個村莊，都驚異於教堂的奢侈華麗，那些貧窮的人們把每一毛錢都捐獻了出來。有位教士賣聖燭給農夫，他們點燃後放在聖壇上禱告。在他們離開後，教士又把同樣的蠟燭拿出來賣。他們付錢買的是祈禱的特權。

我在一處樹叢中躺下。先前我把一條內褲和一雙襪子晾在某處的窗臺上忘了拿，現在我實在很想念也很需要它們。我戳破右腳跟上的一個水泡，把皮膚縫起來，使它不會繼續受磨擦。我把帽子蓋在臉上，聽著上方樹葉搖曳的聲音睡著了。然後我看到閃光燈在我頭上閃，聽見有人問我問題。我睜開眼睛，看到一群記者圍在我身邊。然後兩個民兵似的男人

13

下了一輛摩托車，走向我，把他們的相機直堵到我臉上。我做了個決定，乾脆轉個身繼續睡。等我醒來時，所有的人都不見了。消極的抵抗發揮了作用。

我繼續走到埃布戈拉內羅斯（El Burgo Raneros）。這村子看起來像是約翰・福特老電影裡的場景，很「西部」，有著像亞歷桑納和新墨西哥那種飽受風吹的泥磚房子。甚至還有一間西部式的酒吧，讓我想到隨時會看見約翰・韋恩大步走進門來。我看到一台賣橘子汽水的機器，於是走進了酒吧。

一個女人走來說要替我洗衣服。她邀我上樓到她房裡，我在那兒坐在電視機前看了一場鬥牛。我翻看著《即時》（*El Pronto*）雜誌，她為我做了加馬鈴薯和洋蔥的蔬菜濃湯。

她說隔天可以幫我把背包帶到下一個城鎮，曼西亞德拉斯慕拉斯（Mansilla de las Mulas）。是的，如果能不背著重物走路，那就像是奇蹟一樣。

我謝過了她，便到飽受風吹的西部街道對面的庇護所過夜。

第二天早上有記者坐在庇護所裡，正在訪問其他朝聖者關於我的事。

我在睡袋裡穿好衣服，背著背包從後面的房間離開。背包似乎特別重，我等不及要請酒吧那位女士替我帶走了。

如今我在一個超現實的夢境裡移動，穿過西班牙一些最古老而美麗的城市。我已經跟卡羅斯和阿莉走散了。那些德國人，在我看到的時候總是喝醉的；那個前世是我弟弟的比利時男子繼續帶著球棒前進，決心打破一切紀錄，而愛爾蘭女孩早就看不到人了。

雷翁（Leon）是第十和十一世紀基督教西班牙令人印象最深刻的古老首府。摩爾人在八世紀入侵，征服了此地。這裡的中古世紀的歷史充滿了基督徒和摩爾人之間的戰役。這座城市基本上是以城牆圍住的堡壘，四周都是平原。這是國王的城市。我感覺我曾經來過這裡。聖馬可斯客舍是庇護所也是修道院，在中古世紀所建，這裡的僧侶給我了一份食物——麵包、乳酪和葡萄酒。我坐在教堂裡，試著進入我感受到的那種熟悉感。我站起身來，彷彿受到引導似的，開始探索舊城的古老街道。我探看商店櫥窗，彷彿在找什麼東西。

然後我看到了。那裡有一家賣古董珠寶的店，我慢慢走向櫥窗。在櫥窗陳設的一邊，有個金的小十字架。我走進店裡詢問。

「這是摩爾人的東西，」售貨員說，「已經傳了好多個世紀了。它很有趣而且相當稀少，因為它可以代表摩爾人，也可以代表基督徒。它也可能是根據古埃及象徵好運的圖案而設計的。」

「你知道它原先的主人是誰嗎?」我問。

13

「哦，不知道。」他說，「應該很多吧。這種古董總是有很多傳說。但我們確實知道它是從查理曼大帝的時代傳下來的。我從來沒看過其他像這樣的十字架。」

淚水湧上我的雙眼。我回到了古代的聖地牙哥之路上，蘇格蘭人約翰把我按進水裡，我冒出水面後，他將它戴在我脖子上的時候。我記得當時我摸著它薄薄的金質，想著為什麼它對基督徒意義重大。我記得是摩爾巨人把它拿給約翰，要他交給我的。現在，經過了一千兩百年，我是不是又找到它了？

「我可以買下來嗎？」

「當然。」他說，「妳要不要給它配條金鍊子？」

「不用了，謝謝。」我說，「我把它放進裝錢的腰帶就可以了。」

我不記得價錢。我用信用卡付的帳。

這就是那同一個十字架嗎？或者只是一個跟它一樣的？不，我覺得不是。我覺得我正握著蘇格蘭人約翰用來為我施洗的那個十字架，直到現在每當我看著它，仍然會記起這段穿越時空的經驗。

我在真相的衝擊與震撼中走過了雷翁的街道。有誰會相信這些事？然後我想，不相信又如何呢？我看到我所看到的，現在我正握著一個三度空間的、塵世的證據，證明我一千兩百年前曾有過的經驗。

我把十字架握在手裡，繼續走下去。

出了雷翁城，聖地牙哥之路要穿過伯聶斯嘉河上的一座橋。我經過廢料堆、垃圾場和倉庫。我加快腳步。當我橫越溪流，我會把頭埋進冷冷的溪水裡。隨著步行的節奏，我對自己唸誦「我很冷靜，我很平和」。我看見一些朝聖者坐在計程車和巴士上經過。安娜曾說過，到最後我一天可以走上四十五公里（約二十八英哩）。我看到一個西班牙女孩赤腳行走。我看到一些囚犯也在進行這趟朝聖，如果他們完成了旅程，可以因行為表現良好獲得釋放。我在每條溪流旁停下來，脫下鞋襪花點時間把腳浸在冷冷的溪水裡，然後再抹上凡士林。我邊坐邊看著那個十字架。我想跟蘇格蘭人約翰談一談，但他拋下了我。沒有他，我覺得寂寞。

我經過了阿斯托嘉（Astorga）的羅馬遺跡和基督教大教堂。我現在是個驚歎於自己過去的旅客，我不必花太多時間便能回想起這些經過的地方。

我跟那個保護我的十字架，繼續走過城鎮和村莊。

晚上我要不是睡在地上的睡袋裡，就是跟一些與我完全有同感的人夢遊般地經歷我們的新友誼。我們都覺得以前曾經來過這裡，納悶以前彼此是什麼關係。然後我們分道揚鑣繼續行走，懷疑是否會再與彼此有著命運的相逢。每個朝聖者都被囚禁在自己的耐力、疲

13

倦、困惑和痛苦之中，渴望得到頓悟和啟示，好讓這一趟不虛此行。我們談到古時候強力保護朝聖者的聖堂騎士團；朝聖者只是想在自己內心尋找上帝，不該受到盜匪的劫掠驚嚇。我們都很感謝西班牙政府對朝聖者的保護。

我沒有告訴任何人我的十字架的事。過去我或許認識這些陌生的朝聖者，但我現在並不認識他們。我會不惜一切代價保護我的十字架。我這是不是在扮演基督教的傳教者？

不論我走到哪裡，都可以看到聖雅各——也就是西班牙文裡的聖地牙哥——的紀念碑，據說這位守護神保護了基督徒不被摩爾人所害。現在我是哪一方？

我經過聖法蘭西斯哥醫院，據稱聖方濟朝聖途中曾在此療養。（譯註：聖方濟在西文中即稱聖法蘭西斯哥）這麼說他的身體也出過問題？

羅馬人建的大道是通往進城和出城的路，也通往四方的荒野。當我在鄉間行走，當我走過村莊和城鎮，有些「夢境—異象」裡的畫面會再度掠過眼前。我知道這些地方；我知道這一帶的地勢，我認得聖地牙哥之路——早在有建築物之前。

朝聖者行走的路途中，有許多教堂是由聖堂騎士團所建。拉巴內爾（Rabanel）有一座是獻給聖母瑪利亞，它保留了原先十二世紀羅馬式建築結構殘存下來的部分。根據中古世紀的傳說，查理曼麾下的騎士之一在拉巴內爾迎娶了摩爾人蘇丹的女兒。我在腦海裡看見了那場婚禮。我認識那女孩，但不知道是為什麼認識。查理曼率軍進行朝聖之旅，是因為「來自上面」的命令。我再次看見自己在他身邊討論著上帝、星辰以及教宗以基督教之名希望他做的事。我想起聖地牙哥之路會強化人們的所有情緒和困惑，為的就是要理清思緒。人類間的衝突總是跟他們對上帝的詮釋有關。

上帝是什麼？祂渴望我們什麼？祂真正對誰說話？究竟穆斯林是未開化的異教徒還是基督徒是旁門左道？

然後在我還沒來得及注意的時候，我就已經走到了奉瑟巴東外的庇護所。奉瑟巴東就是那個有野狗的荒廢村落，而聖地牙哥之路不偏不倚地從村中穿過。

庇護所裡的朝聖者我都不認識，好似我的戲劇裡進來了一組新演員。我感到了朋友的重要。

我獨自一個人坐著，自從安娜在班普隆納離開我以後，我從沒覺得這麼孤單過。我已經走過了大半的西班牙北部，有過會令大部份通靈者驚羨的體悟；經過了山陵、溪流、沙漠，還有媒體記者而還活著，但現在，我卻發現自己對一群狗感到害怕。我試著讓自己平靜下來。我害怕的是那種成群結隊的心態。那令我感到恐怖。我想起安娜曾在牠面前祈禱過的那隻大黑狗。想起曾聽過的別人的血腥接觸。他們是否只是為了加強故事的戲劇性而言過其實？

13

我周圍的陌生朝聖者似乎對前面那個村子裡的危險不以為意。或許他們並不知道。或許消息不靈通比較好——所謂「無知是幸福的」之類的。

我把手中的十字架轉了面。接著我聽見外面有熟悉的聲音。

我跑到門口。卡羅斯和阿莉從一輛巴士下來。還有個喝醉酒的德國人。我抱了他們三人。

我的朋友們來陪我一起走過恐懼了。

阿莉和卡羅斯看起來像一對老夫老妻。德國人拿著一瓶飲盡的啤酒。

我們聊到以為再也不會見到對方,而現在在這裡重逢。這是我們的薩馬拉(Samarra)之約嗎?奉瑟巴東會是我們的聖路易斯王橋(bridge of San Luis Rey)嗎?我沒有對他們說這些。

但我的確提起了前面那個村子裡的狗。三人都不認為那有什麼危險的。

哦?好吧。

阿莉坐下來,在臉上塗面霜,給頭髮上捲子。卡羅斯照顧著他的相機,德國人喝著啤酒。

我是這裡唯一感到恐懼的人嗎？

我在睡袋裡輾轉反側（這麼做可不容易），醒來時感覺自己是被保護的。這種保護感還伴著一股香草味。我環顧四處看是不是有人在灑香水。沒有，這裡不是那種地方。人們正在穿衣，睡眼惺忪地自言自語。

甜美的香草味愈來愈強了。是艾瑞爾！

我從背包裡拿出一些優格吃。阿莉將她的捲髮梳開，模樣甚是美麗。卡羅斯對她嬌生慣養的虛榮開了幾個善意的玩笑，她害羞地揮手把他趕走。

我一面觀察著四周的人事，一面感覺自己彷彿置身其外。艾瑞爾仍在我身邊。

早上七點，我們出發上路。庇護所裡的其他人都走了。看到卡羅斯和他的紫色背包、百慕達短褲以及紅襪子真好。阿莉拿著一根手杖幫助步行。新手杖，我心想。不知她有沒有跟她的手杖交上朋友。我們走了好幾個小時，彼此間輕聲地對話。然後一種奇怪的第六感籠罩了我們。

我們看到奉瑟巴東村詭異地在晨霧中若隱若現，相形下，我曾參與演出的任何好萊塢戲劇特效都大為失色。我感到一股恐懼，緊握住我的十字架。然後艾瑞爾說了，「保持冷靜。不要吸引混亂。」我放鬆了點。我啟動錄音機，卻又不敢說話。我沉默地往前走。其他人也一樣。我們抵達一處山丘頂往下看。就是那兒了。一縷煙從一棟小屋中升起，據說有名老女巫住在屋子裡，周遭除了狗群沒有任何人煙。

我們向村子一步步接近，很快就進到了村子裡。村裡一片沉寂。壞損棄置的建築和毀損的結構殘骸佇立在陽光中，像是標示著過去。這裡發生了什麼事？我聽見遠處傳來牛鈴聲，我必須小心翼翼地在有裂縫的鵝卵石路面走著以免踩到牛糞。

我看了看我們這群。卡羅斯和阿莉分開了。卡羅斯跟德國人一起走在前面，德國人今天還沒有喝酒。

我在中間，阿莉殿後。然後我聽見一聲狗吠。很小聲，無足輕重，像是住家附近街道的一隻無害的狗。但我的心開始狂跳。「冷靜。」艾瑞爾說。我繼續走，一手緊抓住手杖，另一手握著十字架。就是因為這個地方、這個時刻，我先前幾乎要取消朝聖之旅。然後我想起了霍皮族安撫狗的方法。我在腦裡畫了一個美麗的紅心，我盡可能地把它充滿愛並發送出去。我感覺那顆紅心到了我目前還沒看到的狗那兒。又有隻狗叫了，我加強紅心傳給那隻我看不到的狗。事實上，我沒有看到任何移動的東西，除了卡羅斯、德國人以及前方小屋裊裊升起的煙。女巫就住在那裡嗎？

「繼續走下去。」艾瑞爾說。我照著做。然後我聽見阿莉打噴嚏，我轉過身，阿莉對我一笑。卡羅斯和德國人仍然在我前面，不受困擾地走著。現在我可以看到四周山坡上散佈

的牛群了。

「繼續走，」艾瑞爾又說，「妳唯一恐懼的就是恐懼。恐懼是妳創造出來的，恐懼本身並不存在。妳知道的。妳知道的。」

是的，我知道。我邊走邊發送著紅心的意象，前所未有地警覺……。接著我並沒有聽見任何狗叫聲。然後我意會到我已經穿過那座廢棄的村子。就這樣？這就是我所害怕的？我仍然傳送著紅心意象，繼續往山坡走去。

突然間我聽到阿莉的尖叫聲。我心頭一寒，轉身看向她。「我的手杖。」她叫嚷著，「我的手杖掉了。而且這裡有好多蒼蠅和蟲子。」

蒼蠅？蟲子？我訝異地意識到我沒有被牠們干擾，甚至沒有看到任何蟲子。

她又叫。「沒有手杖我沒辦法走路。我喘不過氣來了，沒辦法走路。」她身靠著一間廢棄屋，那四周全是牛糞。

「繼續走，阿莉。」我喊道，「跨過那些牛糞，繼續走就是了。」

「我沒辦法。」她叫嚷著，「誰來幫幫我，你們知道我無法忍受這個的！」

我突然對她感到厭惡。她叫卡羅斯幫忙，他轉過頭看看她，又繼續走下去。

「德國人，」她喊道，「回來這裡幫我。」德國人照做了。

13

這時候我的位置是在牛群以及阿莉和卡羅斯之間。突然間，狗群又開始吠叫，而且聲音愈來愈大。我感到驚慌。這下子會發生什麼事？我想繼續走，但我在山坡上找不到黃色箭頭。

我再次對阿莉喊。「往前走就是了，該死的。」我叫道。她抬頭看著山坡上的我。

「走啊！」

她慢慢地跨過牛糞。德國人正朝她走去。

「但我一定要有我的手杖。」她對他喊。

「好。」他回答，「我去拿，妳掉在哪裡了？」他朝她跑過去。

「在後面的某個地方。」她說。

愈來愈多狗一起吠叫，山坡上的牛群開始朝村子的方向走。然後我看到一群狗繞過了牛群，往村子去。

阿莉艱難地走向卡羅斯。他對她吼道，「妳要到什麼時候才能學會用大腦？」

現在這群狗多得嚇人。我看不到德國人。我盡我的力量，傳送出最大的充滿愛的紅心。

阿莉走到了卡羅斯那兒，兩人邊跑邊對彼此叫嚷。

我找不到德國人。狗群進了村子。我又投射出另一個更強的紅心意象。然後我看到了德國人，他站在俯臨村子的一座小山頭，高舉著阿莉的手杖，準備戰鬥。他很安全。狗群轉

而朝向卡羅斯和阿莉的方向，他們正吵得不可開交，完全沒注意到狗愈來愈多。我的紅心意象跟隨著狗群。牠們突然變得困惑，抬頭看向山坡上的我。然後牠們轉回頭去看阿莉和卡羅斯。阿莉和卡羅斯這時已經走到城鎮上面的大路了。他們安全了，德國人也很安全。我於是快步走上山坡，朝向大路邁進。

那一大批狗群轉身回到村裡。我不知道牠們是要測試下一個朝聖者的恐懼，還是要回去牧牛。

我邊走邊聽著凶猛的吠叫聲逐漸遠去，納悶不知是否又有人要學習關於自己的恐懼的一課。我上氣不接下氣，停下了腳步。我放下紅心的意象，向艾瑞爾道謝。但天使已經走了。我把十字架放進口袋裡。我最恐懼的事情已經結束，我以自發主動的方式，用愛的意象征服了恐懼。

阿莉和卡羅斯繼續爭吵。我之後在路上又碰到了其他凶猛的狗，但我只是繼續走，邊走邊傳送紅心意象。牠們拚命怒吼著保護牠們的領土，但現在我的領土就是我的道路，而且我有權走在上面。

我現在帶著一股冷靜走在聖地牙哥之路，也因此走得更快了，有時候一天可以走四十五公里，就像安娜曾說的一樣。

14

過了奉瑟巴東，我又跟阿莉和卡羅斯分散了。我發現自己可以邊走邊做許多事。我邊走邊吃，邊走邊整理背包，邊走邊喝水，邊走邊給錄音機換錄音帶，邊走邊調整照相機，邊走邊拍照。我發現我比較常用腳尖走路了，因為我感覺比較輕盈。路上的薊草割著我的大腿和小腿，但我不覺得痛。我進入了一種靈性的行進步調，腳步的節奏對應著呼吸。我的鞋踩踏著泥土，雙手擺動的節奏配合著上下顛動的背包。我把手臂高舉過頭，以避免雙手抽筋。當停下腳步的時候，我聆聽大自然的聲音。然後我學會了看見聲音和聽見色彩。

這就是自由嗎？不，還不是。真正的自由是行走時不穿鞋、沒有背包、手杖、不帶食物和水，尤其是不去想任何事。

思想是造成疼痛、焦慮和受苦的原因。我想起二十世紀的神祕主義者J・克里許納穆提（J.Krishnamurti）曾說過，當他達到可以完全不思考任何事情地走在荒野中時，他是多麼高興。他說他已完全把自己交給了上帝，臣服於上帝。就像古代的朝聖者，他在完全孤立無援的狀況下行走，並且知道自己找到了自由。

聖徒行走時看見天使並常行使奇蹟，他們聲稱能夠經驗這些事跡是因為對上帝不渝的愛。他們談到愛上上帝是一種令人敬畏的狀態。我想知道如果我對上帝完全臣服並全然地愛著祂，我是否還會懼怕任何事？我甚至還會需要思考嗎？關於靈性的追求，法國作家西蒙・薇爾（Simone Weil）曾寫道：「只有確信才行。任何不夠確定的感覺都配不上上帝。」這麼說我應該「確信」自己在追尋過程中所看見和經歷的事情嗎？還是我應該懷疑我的異象？信念和實相（現實世界）間的衝突是否就是我們稱為想像力的東西？如果「實相」是由五種感官的真實體驗所定義，那麼別人又會對我的經驗怎麼「想」呢？大腦和靈魂之間有差別嗎？

「實相」的定義隨著量子物理學改變了。量子力學的偉大思想家知道，不論科學和宗教的差別如何兩極，兩者都是解釋上帝的奧秘的方式。

也許有兩種實相。大腦的物質實相和靈魂的神聖實相。神聖實相是靈魂的景致，不知道也不遵守物質法則。

我的靈魂的實相似乎想跟我和我的大腦溝通，想被了解、被承認、被納入我現在的人生。事實上，我的靈魂正在懇求我了解：它才是儲藏了我所有時光歷程經驗的地方，而就在我正行走的當下，它就在對我的大腦傳達這些事。

我感覺我的大腦和我的靈魂融為一體，變成了一種幫助我了解的媒介。我的靈魂敲著我

14

大腦的牆，渴望被認知到它擁有超乎我所了解的知識。我的大腦是否開始要打開它的門了呢？

✠

我有種覺得自己正往西朝向世界邊緣走去的感覺。然後我想：我是不是正在朝我們所知世界的開端走去？我會在這一切開始的地方走完我的聖地牙哥之路嗎？那又會是什麼地方？人們說「已知世界」的邊緣就是聖地牙哥之路的終點——芬尼斯特雷。什麼的終點？在這個世界之前是否有另一個世界，卻不知怎麼地終結了？聖地牙哥之路的終點在西班牙臨大西洋邊緣被稱為芬尼斯特雷的地方，是否是因為在此終結的不只是陸地？之前有什麼失去了嗎？為什麼傳說中說的是「已知世界」？那未知的世界又是什麼？然後我猛然想到一點。為什麼那片海洋叫做大西洋？（譯註：大西洋的英文名稱 Atlantic 與傳說中消失的大陸亞特蘭提斯 Atlantis 相近）

當我意識到我所想的已超出了「已知世界」，我知道自己必須在另一種意識狀態下走完剩下的聖地牙哥之路。

我決定對阿莉和卡羅斯道別。我們已協助服務彼此，不論其中的原因為何。我也許瘋了，但現在等著我的東西遠超過我曾有的任何想像。

我跟他們談我的感覺。他們了解。我們交換了住址和電話號碼。卡羅斯為他女兒向我要簽名。「我知道我們永遠不會再見了。我沒有興趣去美國。認識妳是件非常愉快的事，我知道我們永遠不會見到彼此了。謝謝妳。」

我問阿莉她可以一個人走嗎？「不行。」她說，「我會害怕。我會自己時不時去搭巴士，但我會盡量跟卡羅斯一起繼續走。我知道妳是來這裡接觸自己內心的東西。我是來這裡散步的。所以現在妳必須獨自走下去，完成妳來此的原因。」

我們相互擁抱。我感覺眼淚快掉下來了，於是轉身向山丘走去。我一跟他們道別完，艾瑞爾就回來了。我四周全是香草的味道。我開始對天使說話。「你是誰？」我問。「我以前在別的時空認識你嗎？」

沒有回答，只有變得更強的香味，彷彿就是答案。我再問，「你真的是天使嗎？」香味增強了。

「我們是不是都有天使引導我們？」我問。味道變得愈來愈甜美。

然後我感覺那存在把我圍繞。在我前面、在我身後、兩側，直到我感覺自己成為那存在的一部分。我笑了起來。我想起這一世的達賴喇嘛也常常沒有什麼明顯原因地就咯咯笑起來。那是一種祕密的笑聲，出現在最料想不到的時刻，彷彿他在自己的靈魂裡聽見眾神對

14

他說了什麼。

我們在一九九二年巴西舉辦的ECCO大會的兩個星期裡，有許多相處的時間。巴西——是的，對我而言，有很多事都是在巴西開始。達賴喇嘛實在是個很令人開心的人，他的演講不必任何筆記就可以一講好幾個小時，而他的智慧之語總是穿插著那種祕密的、有感染力的笑聲。而且他還會調情。這位偉大的靈性導師幾乎是用一種心照不宣的方式調情，儘管調情中沒有任何性的成分。那是一種靈性的調情。我喜歡靈性的調情。

在艾瑞爾的陪伴下，我輕快地走過一條山間小路，然後到了一個小村子。這個村子有條小溪和一處可以游泳的水窪。我猛然停下腳步，感覺到另一種振動的記憶。這可能嗎？我認出了這裡。這就是蘇格蘭人約翰把我按在水裡「施洗」的地方。我認識周遭的丘陵和那道瀑布，以及經歷多年時光都沒有改變的整個地勢。我朝著小溪走去，感覺記憶湧上心頭。但是現在那裡有年輕人在戲水。我在兩個空間裡。有些年輕人認出了我。哦，天哪，我想重溫以前的感覺，我這麼想。我好想有人把我推進水裡，做為對約翰的致意。我熱得要命。我遲疑了一下，然後做了決定。我把背包卸下，就放在我記得自己曾經站立的溪邊。那些年輕人不笑了，直盯著我看。我是會做還是不會？帶著一股新的自由和一段舊的記憶，我把衣服除去只剩內褲，然後逼自己進到了水裡。

水跟我記得的一樣冷。洗禮的過程飛快在腦中閃現，我可以感覺到約翰的存在。那感覺

讓我振奮，像是一劑記憶的良藥。約翰和溪水的能量穿透我全身，那些記憶成了我的一部分，我感覺與它們合而為一。我沉在水裡面，水的壓力在靜默中把一切都帶了回來。在我感覺過去和現在已融為一體後，我邊吐著水邊回到水面上，當我呼吸到新鮮空氣時，我彷彿覺得我能脫口說出阿拉伯話。

我環顧四周，期待看見約翰站在我上方唸誦著洗禮的詞句，還有基督教士兵斜著眼看我。結果我看到的是那些年輕人。這裡已經聚集了一群人，有些人鼓起掌來，有些人對我揮手。我一頭鑽進水裡游了又游。我變成了這份冷、這份濕，還有上方的陽光。我笑著，吐著水，然後等我覺得足夠了，我從溪裡起來，身上只穿著內褲。人群又鼓起掌來。我四下觀望，沒有記者在裡頭。我擦乾身體把衣服重新穿好。有幾個人壯著膽子來跟我要簽名，我簽了。有一位給了我一瓶新鮮的水。我喝了，向他道謝。我一點也不感覺忸怩。就算這裡真的有記者在，我也無所謂。我已經為自己施洗了新的自由和對新次元的理解。我不在乎別人怎麼想。

我往彭費拉達（Ponferrada）前進，「真實」世界又再度帶著二元性迎面而來。

一名開著白色汽車的攝影記者跟蹤我，還幾乎把我撞倒。我沒有生氣。他找了一個年輕人來幫忙，大概是他兒子，對我喊叫、丟石頭來騷擾我。拍到我發怒抗議的照片會賣到很

14

多錢。

我開始玩了起來。我在街上來回躲閃，溜進一家店裡。店主看到剛才的騷動，認出我，給了我橘子汽水，然後開車載我到城裡的另一個地方，讓我逃離那些等在外面的禿鷹。他不知道庇護所在哪裡。對我來說，什麼地方、什麼城市都沒關係，只要是朝西的方向就可以了。

他把我載到彭費拉達一間很不錯的旅社，叫做聖米蓋旅社。老闆娘給了我一間小房間，我洗了個熱水澡，也洗了頭髮和內衣。我的雙手開始抽筋，我無法繼續洗下去。抽筋的部位一路往上延伸到手腕及手臂。我爬出浴缸，用手肘搆了一條浴巾，往床走去。抽筋延伸到雙肩和雙腿，我的腿彎扭起來。

我太缺鉀了。

我躺在那裡，感覺自己像是癱瘓的木乃伊，看起來像《復活之日》（*Resurrection*）一片裡轉移治療場景中的艾倫・博絲汀（Ellen Burstyn）。

我很快進入一種白日夢的狀態，然後事情就發生了，蘇格蘭人約翰又來到我身邊。他微笑著，他的眼睛在那紅潤有雀斑的臉上閃耀著。

「嗯，小女孩」他開口，「妳可給自己施洗了好一段經驗，不是嗎？」

「是啊，」我說，「那感覺真好。但你這些天都到哪去了？」

「哦，」他說，「我一直都跟妳在一起。不過在妳為自己施洗之前，妳不要知道比較好。」

「為什麼？」

「妳需要在沒有我的情況下體驗妳自己。」他回答，「而且妳還有妳的天使為伴，不是嗎？」

「是的。」

「而且妳短暫地跟妳父母見了面，不是嗎？」

「是的。」

「而且妳用妳那裝著愛的紅心克服了恐懼，不是嗎？」

「是的。」

「那就好啦。」

「對。」

「妳喜歡妳的十字架嗎？」

「哦，天啊，」我說，「你給我的就是這個十字架嗎？」

「就是這一個。」他回答。

「太不可思議了。」我說。

「為什麼？」

14

「嗯，因為它也可能只是另一個看起來一樣的十字架。」

「妳不是感覺到一股力量，驅使妳去找到它所在的那家珠寶店嗎？」約翰問。

「是的。」我回答。

「妳必須學會接受指引。生命中沒有巧合。一切都是和諧的，都有它的意義，並都遵循著因果法則。」

「那麼這真的是那同一個十字架了？」

「我的孩子。妳必須學會少疑心一點，尤其是對於妳已經看到的事。這不適合妳。」

我遲疑著。「為什麼我不該懷疑？這世上有那麼多騙子。」

約翰幾乎沒讓我把話說完。

「親愛的，妳這就等於是說妳自己是騙子，因為妳所疑心的指引是來自妳自己。一切都來自妳的內在。當妳對和諧存疑時，是妳的和諧並不平衡。妳了解嗎？」

「那麼也許你正在說的話也都是來自於我？」

「正是。妳從自己的內在創造出妳自己的實相。」

「那麼我正在創造你嗎？」

「當然囉。妳創造妳周遭的世界和其中的人，妳也創造妳內在的世界和其中的人。妳內在有著上帝的能量，妳與祂一同創造事物。這是妳的夢，妳正在創造其中的一切。所有一切。所以說，我們都是一體是正確的說法。我們每一個人都是所有的人。好，妳想在自己

的夢裡憤世嫉俗、充滿疑心嗎？」

哦，天哪，我想著。我不知道該怎麼想。聖地牙哥之路是真實的，其他人是真實的，我的身體是真實的，疼痛是真實的，受苦是真實的，我的困惑是真實的。

「親愛的，」約翰彷彿看穿我的思緒，「那些例子沒有一個是客觀上的真實。它們都是妳為自己創造出來的。妳知道這點。妳甚至創造了我來引導妳。信任妳自己創造出來的事物有什麼不應該的？」

「那麼上帝又是什麼？」我問。

「上帝是妳與之一同創造的愛的能量。懷疑愛的能量會讓妳快樂嗎？」

「不會，當然不會。」

「妳不想得到喜樂嗎？」

「想。」

「那麼妳要記得，妳所創造出的一滴喜樂，足以改變負面的汪洋大海。對妳的夢懷疑就是負面。要對妳的夢負責。妳的人生就是妳所創造出來的夢。妳創造出來的我，是一個把妳原本就已有的知識提供給妳的工具。妳擁有一切知識，對這個真相要有信心。在這個真相裡，妳認識上帝並和祂為一體。妳的十字架象徵著四個方向的平衡。擁有它的人牽繫住塵世的物質次元，能夠知曉生命的喜樂與悲傷。這十字架代表了塵世種種問題的解決之道。被釘上十字架的象徵意義就在於此。耶穌深明這些解決之道，當他『死』在十字架上時，他平衡了當時在世的每一個人的問題。在他被釘在十字架的時候，他將人類的集體業力一肩扛下，所以他那麼痛苦。他讓人類生命的意識首度認識了愛的振動，所以這是為什麼說他是為人類的罪惡而死。講得更正確點，他洗滌了人類到那時為止的所有業力，也就是給了人類一個嶄新的開始。他是一位真正的大師，他說，『汝將做與我相同之事，且更加偉大。』他說天國和上帝在每個人的內心。」

「那就是你所說的上帝能量？」我問。

「是的，它感覺起來是一種愛的振動。在那場妳深愛的音樂暴風雨裡，妳就已經在大自然裡體驗到它了，不是嗎？」

「是的，而我創造出你來告訴我這些，是因為我已經知道了？」

「那當然。」他回答。

「所以我是在跟自己進行內在對話？」

「正是。妳要信任這一點。這其實是非常簡單的。人們會告訴妳，『我真希望我能相信它。』嗯，如果他們是這麼希望，他們就做得到。如果妳真的跟自己內在的愛的上帝振動結合，妳就永遠是安全、平和的，並將自己交付給妳真正所屬之地。」

他沉默下來，我納悶我是不是睡著了，而我的「夢」結束了。

然後約翰說，「現在我提議，繼續談妳為什麼來走這聖地牙哥之路。」

「好的。」我回答，「請說。」

「聖地牙哥之路帶妳向西走，走到已知世界的盡頭，對嗎？」

「是的。傳說是這麼說的。」

「現在我要讓妳知道為什麼妳正在朝『未知世界』走去。」

又一陣沉默。

然後約翰說，「妳必須放鬆，因為我要把妳帶回另一個時空，那是比妳現在能理解的還要宏偉的時空。」

我等著。突然間緊張了起來。

「妳必須放下妳的意識。」他說，「請不要讓妳的意識擋住妳的路。臣服。」

我開始在心裡放鬆。

又過了一段時間。然後，我聽見他的聲音以另一種振動音調出現，我的無意識心智開始活動起來，並與他的聲音合而為一。很難描述我發生了什麼事，事實上，我不是我了。不是我所知道的我。在所有其他舊地重遊的經歷中，我仍然覺得我還是我，但現在那個身分似乎從我身上溜走了……

15

親愛的讀者，是在這個時候，到了這個階段，我跟自己辯論了一番，到底要不要在講述聖地牙哥旅程的故事裡包括接下來的事件。

我不能否認我經驗了這些事，它們確實發生，但我也知道這會讓從沒思考過這類事情的人覺得很震驚和困擾。聖地牙哥之路本身有助於解決情緒和情感上的問題，但當時我經驗到的是深刻而古老的靈性緣由，解釋的是最初使我們衝突矛盾的情緒困惑。

接下來我要試著傳達及描述的，可能會把你帶離聖地牙哥之路，帶到理性的邊緣，但我向來覺得，如果我們不能走到深淵邊緣的話，那又何必走呢？

體驗自己的靈性訓練，有很多種方式。

我的心開始擴展，彷彿接下來要發生的事情的記憶就存放其中。我可以感覺到胸中有股翻攪靈魂的心跳。我的身體似乎在適應我內在某樣新的東西。我聽見約翰說話的回音。

接著我看到一個這樣的符號：

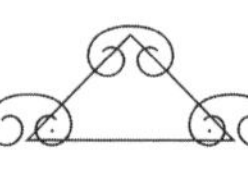

然後約翰說，「人類第一個受的傷是當靈魂進入物質的時候，身體與上帝及靈性的分離。恐懼是業力的第一個行為。」

我看著那個符號，他繼續解釋。

「三角形構成了三位一體，意味著心智、身體及靈性的平衡，或是上帝、女神及聖子。它代表回歸到上帝之路。每個螺旋都代表陰與陽，也就是男性與女性，在心智、身體及靈性中的平衡。這些能量往裡捲，朝向三位一體的中心，也就是上帝。現在我要用神（Deity）這個詞來代表示上帝（God），因為這個詞沒有性別之分。

「在地球的第一個樂園裡，」約翰繼續告訴我，「第一批人類生活在完美的狀態中。也就是說，每個靈魂都既是男性也是女性。他們設計了一種可以同時體驗包括男性與女性的肉體形式——雌雄同體。這種肉體形式完美地反映出靈魂——靈魂也是雌雄同體的。每個人類都活在雌雄同體的狀態裡。

15

「這段時期被稱為雷姆利亞（Lemuria），在神話裡則叫做伊甸園。他們的靈性存在狀態反映出一個完美平衡的肉體形式。每一個人的能量，就像這個符號所顯示的，朝向三位一體的中心。雷姆利亞的文明延續了很久很久。然後，由於靈魂形式愈來愈有冒險精神，想體驗更外向的物質性，於是他們做了一個決定，選擇將陰和陽、男性和女性分開。他們把自己分開了。『從亞當的肋骨中，夏娃誕生。』你們聖經裡的這個故事說得沒錯，」約翰告訴我，「除了它是象徵被稱為性別區分的東西，它標示了雷姆利亞文明的結束和亞特蘭提斯文明的開始。這個連結，」他說，「就是妳一直在尋找的。性別區分花了極其漫長的時間，從此人類就跟自己的另一半分開。意識到這點，恐懼因而產生，對孤立的恐懼、對寂寞的恐懼，還有恐懼跟反映神的完美的靈魂平衡更加分離。

「現在妳將體驗到已經發生的事，因為妳經歷了最早之一的性別區分。請不要害怕，記住，妳只會體驗到妳已經歷過的事情。」

我的心開始更加擴展。

我覺察到我在放鬆的過程中得到幫助。時間流逝。然後我開始看到許多顏色的融合——透過我的心而不是我的大腦。那些顏色在我心臟的管道和四周浮游波動，彷彿它們是屬於心臟這片寬闊液體畫布上的小溪流。起初那些顏色主要是綠色、藍色以及淺紫色，然後開始形成固體的物件，出現較深的黃、橙、紅色調。色彩慢慢地形成移動的物體，直到我在心裡了解我看到的是一大片美麗多彩的樹木、花朵和植物。結實纍纍的樹木在微風中彎下

枝葉，排列在修剪整齊的庭院和五彩繽紛的花園旁。藍綠色的泉水湧向天空，陽光因霧氣顯得朦朧。庭院與庭院之間有座在汩汩流動的溫泉上的東方拱橋相連接。緊鄰著庭院的是金字塔狀的建築，有些是石造、有些是水晶的。金字塔的側邊裝飾著鑲嵌圖案，圖案四周還有象形文字圍繞。

在我愈來愈清楚周遭環境的同時，我也察覺到此處籠罩著輕柔但完全的靜默。我聽見小動物的聲音，植物搖曳的沙沙聲和動物跑來跑去的聲音，但就僅此而已。然而我可以「感覺」到它們在彼此溝通。我抬頭望向其中一個五彩繽紛的庭院，有個高大、威嚴的人正過橋向我走來。他的皮膚是金橙色的，淡紫色的眼睛，個子很高——將近七呎——披著一頭金色長髮，臉上和手臂上沒有體毛。他穿著像中東式的白袍和涼鞋，無聲地滑過地面朝我走來。

他來到我面前，沒有開口用任何語言說話，而是透過一種思想模式溝通。「嗨。我是蘇格蘭人約翰的前世化身。」他微笑。我心裡認出了那個聲音，也對他微笑。「歡迎來到妳最早的家。」約翰說，「我會幫妳熟悉環境。」我試著回答，但沒有聲音。突然間我發覺約翰是用一種「視覺—情緒」的語言在做心靈感應的溝通。「只要想妳所感覺到的，」約翰說，「我就能了解妳要溝通的事。」

我集中全部精神問，「這裡的每個人都是這樣交談的嗎？」我在心裡形成字句，但在這

15

麼做的同時，我更清楚察覺到的是字句裡的情緒強度，而非這些字詞本身。然後我的感覺事實上開始在我的心裡視覺化。約翰微笑。「是的。我了解，」他說，「很好。」

「我們最大的成就，」約翰在我腦海裡說，「是思想的完全合一。我們彼此之間沒有分隔，我們集體了解個體各自的需要。我們思考每個人的福利，就像透過同一個心智一樣，因為我們都同時感知到別人。」

我們走在一起。我注意到身體的重量變得輕多了，低頭一看，發現我走在一條水晶路徑上。「水晶，」約翰說，「是用來擴大思緒的。我們用水晶建了許多建築，因為水晶能擴大思想波，就像你們收音機裡的水晶組件能放大聲波一樣。走在水晶步道上，也有助我們冥想。」

在約翰用心靈感應解釋的同時，有其他人從我們兩旁經過。他們若不是穿著袍子就是腰間圍著布，他們也像約翰一樣穿著涼鞋，跟他一樣高度。

我凝望四周地勢，這裡充滿了色彩與生命——五彩繽紛的花朵、果樹、茂盛的熱帶植物、各式各樣的動植物——而所有的植物生命似乎都跟人類在同樣的波長上振動。我感覺到能量的交織流動，就好像我能夠了解動物和花朵的感受，以及那些結實纍纍的樹木在想什麼。

「我們是精神上的園丁，」約翰說，「即使在妳現在這一世，妳也知道植物是有情緒的。人類的思想和活動會影響它們。在雷姆利亞也是一樣。我們與動植物的分子性質完全和諧，透過心智的投射我們滋養它們，也滋養彼此。」

我們邊走著，約翰邊伸手從一棵樹上摘下一個成熟的玫瑰色果實。空氣裡有種芬芳的輕快節奏透過樹枝傳來。我聽見孩子們的歡笑聲，像是遠處啁啾的鳥鳴。然後我聽見有隻鳥兒回應了孩子的笑聲。我抬頭看著果樹微笑，我確定它的樹枝朝我彎了彎。

我和約翰享用那多汁的果實，「這個水果是我們的主食。」約翰說，「它就是你們所知的芒果。芒果具有完美平衡的陰陽屬性。經過適當的消化，它能刺激心靈感應投射正確的模式。由於我們在地球上的目的就是要高度發展精神和諧，所以我們用芒果來幫助我們。」

我邊走邊思考。空氣中的芳香似乎跟著我的思緒移動，隨著我的振動頻率飄送。我開始感覺到雷姆利亞的和諧輕撫著我。雷姆利亞真是個伊甸園。我突然瞭解了聖經裡對伊甸園所做的象徵描述：完全的和平，完全的美，完全的和諧。我想著亞當和夏娃，以及知識之樹果實的誘惑。那蘋果是什麼？

我正想到這裡，約翰回答了我。「我稍後會解釋伊甸園的失落，因為妳也是其中的一部分。讓妳重新體驗比透過字句重新學習要來得好，不過還要過些時間。妳有很多東西要先

看。」

我們走著的時候，我看到其他人飄浮在空中冥想，離水晶路面三呎高。「這些人有的是教士，」約翰解釋，「他們戴著水晶頭飾，可以加強思緒的擴大效果。」在草木蒼翠繁茂的花園裡和花園四周，有好些水晶或石頭雕刻成的金字塔型建築，其中一些鑲著祖母綠、紅寶石、藍寶石及翠玉等寶石。寶石具有反映地球電磁場的特性，因為它們是由自然的大地壓力所形成。「它們非常珍貴，」約翰說，「因為它們也可以用來治療以及幫助增強思緒。」每一座水晶金字塔基部都纏繞著層層碧綠的藤蔓。

約翰帶我穿過霧濛濛而草木茂盛的熱帶花園，在我的腦海裡說話。他解釋雷姆利亞各主要種族（我們今日所知的種族再加上兩個——金橙色皮膚淡紫色眼睛的，以及淡紫色皮膚淡紫色眼睛）共有五千萬個靈魂。首都是拉慕（Ramu），位在今日的夏威夷群島處。雷姆利亞分成七個省或郡，他們全都信奉一種簡單的一神教和同一個思想系統。平均氣溫是華氏七十二度，從不會低於五十二度或高於一百零二度。這裡基本上是熱帶，沒有山脈，只有高低不等的丘陵和略有起伏的平原。所有建築物的建造都為顯現地球的自然力量的電磁頻率，讓人類有更高形式的能量。因此他們不是農業或園藝社會，而是生態社會。約翰告訴我雷姆利亞的個人壽命無法計算，因為他們具有和諧特性的肉體是不死的。然而在靈魂到達了高層次的年資後，他們就會選擇將肉體消散，以回歸到靈魂的界域。他們的肉體存在的理由是在物質界顯現完全的和諧，一旦達成這點，他們就可以繼續前進。

約翰解釋完後，我對雷姆利亞人的生活基礎有了更充份的了解。雷姆利亞人不是在科技上佔有優勢，而是致力於與周遭所有生命達到和諧。而那和諧是透過合一來達成，因為所有的事物都互相影響。而最高的層次是與神合一，因為雷姆利亞人已經明白，最正面、最能倚賴的知識之源就是宇宙的心智。

我跟隨著約翰的腳步。我可以感覺自己透過心靈感應的力量與樹木花朵溝通，也能聽見它們的回應。就連路上的動物——小馬、狗、貓，以及傳說中的獨角獸（牠們長在前額的角是做心靈感應之用）——都接收到了我的思緒。牠們有的用肢體接觸的方式回應，有些則舉起前腳站起來。這讓我感覺非常貼心。我想起以前在這裡的時候是多麼喜愛這種問候。我輕觸一隻獨角獸的角，那是光滑的蛋白質結晶所形成，作用就像敏感的天線。獨角獸的臉在我的手臂上蹭了蹭。

約翰帶我走進一座學習殿堂。它是由水晶建成的金字塔型建築。

「藉由金字塔形狀水晶的幫助，我們可以調整進入我們心智裡的宇宙屬性。」約翰說，「對我們來說，獲取知識被認為是靈性的調諧，我們對知識的增長抱著敬重的態度。所以我們建造了學習殿堂，它們就像是大學，保存累積下來的神的知識，使之不在時光中流失。我們有你們會稱為宗教儀式的東西，它有兩個目的：一是讓我們說出我們對神的靜默敬愛，二是讓我們將知識散播給彼此。」

15

我看了看其他的學生。有些人頭頂是短髮，背後則是編成形狀各異的辮子或盤起來的長髮。他們用色彩鮮豔的羽毛來裝飾頭髮，也用珠寶裝飾脖子和手腕。

約翰示意我看向一個冥想廳，裡面有大約五十名學生圍成圓圈冥想，他們飄浮在離地約三呎的空中。屋裡有一種朦朧的藍色調。沒有聲音，沒有教師，他們似乎是集體溝通。我可以看見他們的靈氣在振動。我仔細地看了看，在每個人的脊柱下方，他們的脈輪發散出光。

約翰微笑。「可以說他們都做了功課。」他說著自己笑起來，「但飄浮是這個次元能力的一種自然發展。」

約翰帶我轉身走進一處開放、通風的走廊，然後進入一間學習室。屋裡沒有我認知裡的家具，只有高低不同的平台，還有供人在上面冥想的薄蓆。台座上裝飾著白色大理石的柱子。我環顧四周，感到很平靜。約翰招手要我盤腿坐在其中一張薄蓆上。

「妳將要重新體驗的一些東西，」約翰說，「會是不愉快的。但妳會在這裡是因為妳已經夠成熟，可以重新體驗妳自己的真相了。妳了解嗎？」

我點頭。

「我們冥想的時候，」約翰說，「比較喜歡集體進行，因為我們每人都能從團體中得到

更多電磁能量。我要一再強調的是我們之所以在靈性上有著高度的演化，是因為我們一起在所有層面上溝通。我們不把我們的思想分成個別或分離的思緒。我們就像是同一個心智，致力達成所有個體的和諧。而和諧就是**愛**，和諧會帶來和平。」

我放鬆地坐著。回想我在二十世紀的人生，其中很少是奉獻給集體和諧的。事實上，焦點似乎是刻意集中在個人的分離主義、個人的競爭、個人的隱私、個人的需要和渴望，以及個人的快樂上。我的現代心智幾乎不了解集體和諧的原則，我或我所生活的社會甚至不認為這種原則有吸引力。二十世紀的西方社會確實沒有嚴肅地看待靈性，人類靈魂甚至不被認為是項存在的事實。當然在西方世界，靈魂比肉體先存在的這種觀念基本上也被視為異端邪說。在我們現代的人類生活裡，靈魂每一天都在靈性上被殘酷對待。對大部分的西方人而言，靈魂並不存在。現在談到人口時，我們說有五千萬人。而在雷姆利亞，說的則是五千萬個靈魂。現代很少有東西是為了平靜地滋養靈魂而設計。我想到就連我們的音樂都摧殘著和諧的精神。它大聲、刺耳，很多時候真的是很擾人。或許這就是為什麼許多人轉向毒品的原因，為了求取超次元的體驗，因為他們感覺到那樣的經驗是他們靈性真相和知識的一部分。音樂只是聲音的振動，那為什麼不用它來治療或平撫人心呢？為什麼不能用它做為和諧的團體療法，而非變成喧鬧的噪音？

我的思緒開始在自由聯想中漂浮。就在我想到音樂的同時，我聽見弦樂器輕輕撥彈出柔和的和弦聲。約翰在我的心裡說話。

15

「我們用音樂和弦來進行治療，」他說，「生命中的一切都是電磁頻率。音樂和弦的振動和頻率帶有它們本身的治療特性……一種聲音療法。音樂在社會裡扮演重要的角色——既是正面也是負面。妳已經看到了你們現代世界中刺耳音樂的一些負面結果，像是毒品、群體失序以及暴力。一切事物的和諧是我們想要的效應，因為它是正面的。不和諧會產生相應的病症。它是不平靜的。現代人已經忘了他們古老的過去，然而他們渴望把它複製出來。」

我坐在那裡聽著那像豎琴的樂器，它的音樂使人寬心，似乎是從遠方輕輕地傳來。我感覺約翰繼續在對我說話。

「這裡的每個人都彼此依賴。」約翰說，「如果有人落在後面，整個社群都會把自己往下拉到那個人的層次，以支持他的成長。團體會非常專注在那個人的需要上，幾乎完全忘了其他資訊，只為了照顧那個有困難的人。整個社群變成了單一的心智，直到那個有需要的人能夠了解。每個人都要互相看顧，每個人都為彼此負責，不能讓任何人有所匱乏。這裡有種齊頭並進的動力一直持續著，因為靈性的進步是一種喜樂。進步在這裡不是負擔。因為我們沒有小我的架構，我們對於我們正面思考的力量是非常樂觀的。」

我突然覺得很餓。有太多事情我不了解，但我感覺到的一切又似乎很熟悉。我抬頭看向閉著眼睛的約翰，我感覺他感應到了我的飢餓。冥想中的約翰舉起手來，透過專注在芒果

的分子特性，在我眼前變出了一個芒果。他將芒果遞給我。「透過對靈性的了解，每個人都不虞匱乏。」約翰說。

我想起耶穌是如何將魚和餅變多，讓群眾都有得吃。我想起在沙漠中挨餓的以色列人是如何得到了從天而降的甘露。我咬著多汁的芒果，想到靈性知識必定跟科學知識是一樣的。不曉得愛因斯坦會對這番回溯時光的逗留有何感想。

約翰進入更深的冥想，我感覺自己也更放鬆了。

「冥想，」約翰說，「是用來教育的最好方法。」

我感覺自己的意識進入了一種敏銳的覺知狀態。我非常放鬆，因此能開放接收外在的刺激，但我急著想學習，我充滿了強大且迫切的衝動，想試著了解那些大問題。「生命是如何開始的？」我問。我幾乎阻擋不住在腦海裡滾滾而出堆疊起來的問題：「是什麼意義？」「生命是什麼？」「靈魂是什麼？」「我是誰？」我知道這些問題一定有答案。

我感覺約翰耐心地阻止我。「我了解妳的急切，」約翰說，「是的，我會試著幫助妳了解。但妳必須重新學習妳其實已經體驗過的東西。」

「我已經體驗過的東西？」我問。

「是的，」約翰說。「我會試著幫助妳領會得更清楚些。」

15

我感覺自己呼吸得更深了，吐氣時將所有的二氧化碳都排出體外。我陷入更深層的冥想，只有約翰的聲音伴著我。

「為了讓妳了解得更深入，」約翰說，「需要更往前回溯。我們必須回到超越時空之處，回到時空存在之前，回到有動作之前。回到空無，回到在廣大的孤寂和空無中只有一個靈魂——就是所謂的神的時候。

「起初，只有一個意識，一個神／聖靈，一個力量，一個單一的存在。在那單一之中有著能量，日後將聯繫所有的事物、所有的生命、所有的思想、所有的行為、所有的一切……並使得一切合而為一。

「由於孤寂，那唯一的聖靈開始在自身中移動。祂讓偉大的奇蹟和創造開始動了起來。眾多氫氣在彼此之中及四周旋繞，直到形成恆星。明亮、黑暗和氣體物質與核子活動結合，創造出光明，直到光變成色彩。終極物質和終極靈性互動，宇宙於焉誕生，創造出宇宙中的宇宙，世界中的世界，次元中的次元。然而仍只有一個聖靈，一個能量，一個法則，是祂讓所有事物動起來，聯繫所有的系統，讓它們在自身中成為完整。所有的創造都是和諧的，像是交響樂團創造出天體的音樂。

「無數的銀河旋繞燃燒在彼此之中、彼此四周和彼此之外。恆星爆炸死亡，又有其他的恆星被創造出來。空無的宇宙真空變得活躍。偉大思想已經行動。神在七大時期中移動，

而在第七時期之後，神就休息了。

「現在，初始的宇宙穩定而和諧，有完全的和諧、完全的和平。但這其中有著不完整之處。偉大靈性之中有著靜止，一種在其單一性之中的孤寂……一種沉寂……一種深刻的需要。神感覺到需要體驗祂自己在自身中的感覺，祂感覺到需要變成不空，感受到需要去感覺。祂感到祂的造物若沒有去感覺自身的感受，就沒有什麼意義。神愛祂的造物，愛祂所創造出來的事物，認為它們是好的，但為了不要在其單一中感到孤單，祂轉向內在說，『看啊，我將造出最偉大的創造。我將造出生命，而那生命會是依照我自己的形象而造。』因此處在神聖完美與本質狀態中的靈魂便誕生了。無數個靈魂依神，一道純白的光的神聖形象造出，散佈在宇宙各處，然後分開，兩兩成對。成對的靈魂相互延伸，它們在彼此之中和之間纏繞交織，不失去它們成對的感覺。

「偉大聖靈創造出成對的靈魂，讓它們成為靈魂伴侶。每對裡的每一個都既是男性也是女性，因此本身就是完整的。每一個個別的靈魂都有著兩性的綜合，因此沒有一個會壓過或者不如另一個。偉大的靈性意識到自身的完美，希望祂的孩子在彼此之中得到圓滿，做為靈魂伴侶為彼此見證。因此它們被兩兩創造出來，從時間的初始便結合在一起，也會一直結合到永遠。它們在一起就跟一千個太陽一樣明亮，每一個都是個別的發光的存在體……光的孩子……神的孩子。而神的這些靈魂伴侶孩子被創造出來時，內在便有著極端的兩極，正與負、陰與陽的兩極，就像在整個宇宙中運作並決定一切活動的種種自然力

量。因為如果沒有兩極——男性／女性，正／負，光亮／黑暗，上／下——就不會有動作，不會有運作的力量，也就不會有創造。因為是有了兩極才會有創造——生命……不論是靈性的、科學的、哲學的、數學的，還是物質的。因此光的孩子們被創造出來是與彼此做伴，同時也與神為伴，神是它們的創造者，是將一切事物聯繫在一起的偉大聖靈。

「幾十億年下來，」約翰解釋，「這些靈魂演化著，神交給它們共同創造物質生命的工作——無數對的靈魂在宇宙間翻滾、旋繞、打轉，直到有些到達了地球，其他的則到銀河裡的其他星球，在別的世界執行它們的職責。有些保持著神聖的狀態，這些純粹光體只為偉大聖靈的意志服務，其中的這些靈魂叫米迦勒、艾瑞爾、拉斐爾、加百列。祂們彼此之間以高度發展的光與亮的振動溝通。祂們是成熟的，意志是完足而神聖的，這些純粹光體只為創造了祂們的偉大聖靈服務。祂們有電磁的翅膀，脊柱是七種明亮的光直線排列，那些光被稱為脈輪，也就是靈魂的器官。這些大天使守護著被派到地球上的靈魂。祂們看著那些靈魂存有，每一個都是特別為彼此創造出來的，有著自己的光度、色譜和電振盪（electrical oscillation），就像行星一樣不停地繞圈移動，陰和陽就是它們循環移動的兩極。陰是每個靈魂中女性的那一面，陽則是男性。陰是具吸力的能量極，而陽則是具動力的能量極。兩者是相等的，因為若少了其中之一，就不會有活動——不會有生命。因此，每個靈魂的圓都是完整的，因為每個靈魂都是雌雄同體。

「而每一雙雌雄同體的靈魂伴侶都有它們自己獨特的電磁頻率將它們緊密聯繫。它們的

目的是要為神做見證，為神聖的意志服務，而這麼做也能服務它們的更高自我。為了做到這一點，神給了光的孩子們最偉大的禮物——自由意志：能夠讓自己自由，選擇自己的主人。

「隨著第一波靈魂進入人間，發生了些變化。它們的光隨著地球層面改變，它們的水晶形象開始接收了地球的磁性頻率。它們落入塵世中古老的沼澤和叢林，變成完全成熟的天使存有，有著反映出地球電磁線的電磁翅膀。它們被授權管理太陽系中的地球行星。它們要共同創造地球上的生命形式，並在其過程中表達它們自己的獨特性。神聖之光已經開啟了生命循環的過程，而祂的光之孩子將在此讓生命有獨特的物質性。它們能夠自由管轄所有的生命形式。它們將在這裡創造出新的物種，幫助它們所創造出來的生命演化。

「於是這些光的靈魂開始創造生命。一天可以是一千年。因為時間對這些靈魂孩子是沒有意義的。它們會集體專注在它們所有的電磁頻率，直到它們創造出的物質物體有了自己的生命。一隻蜥蜴會成長變大，或許會依照它們的安排長出翅膀。然後慢慢的，色彩斑斕的羽毛會出現。千年變成了億萬年。牠的頭會開始往上抬，直到有一天，在石破天驚的最後一刻，那隻巨大的、有羽毛的、色彩繽紛的蜥蜴就會拍打長著羽毛的翅膀飛上天空——神的孩子們完成了一項創造。雖然它們對時空無所意識，但或許已經過了一萬年。

「成千上萬的生物就這樣演化出來。經過了時空的變遷，經過了塵世的演化，這些被派

15

到地球上的靈魂開始對地球的物質世界感到著迷。它們開始靠物質界太近。因為神讓它們與神一起創造，因為它們有著神聖的能力，它們具體化了許多生命形式，這些生命形式讓它們感到著迷有趣。又因為它們好奇並具有自由意志，它們愛上了自己創造出來的事物。當它們創造時，宇宙所有的神聖能量都供它們所用。生命變成了形形色色的遊戲場。它們創造出只有陰能量頻率或陽能量頻率的生物，以及混合陰與陽，正面和負面的生物。它們創造出洋洋大觀的形形色色生物。然後它們受到自己造出的美麗創造物的引誘，它們相信自己在許多方面創造出比偉大聖靈還美的事物。於是，它們變得愈來愈叛逆，因而離它們的物質作品愈來愈近，離神聖之神愈來愈遠，直到最後它們完全受到物質作品的吸引，從神之恩典跌入了物質界。它們的墮落正是起因於自己所啟動的創造力，它們與自己創造出的事物合而為一，而非繼續保持與神聖之神為一體的狀態。這些靈魂孩子創造出來的生物，其中有些是美麗和諧的，反映出牠們個別的創造者，有些則太醜陋怪異（反映出那些動得太快的靈魂）而必須被移轉。有些靈魂變得沉醉於它們將生物具體化的能力，不肯慢下來，於是它們創造出來的事物就反映出它們的不和諧和失控。

「米迦勒、艾瑞爾、拉斐爾、加百列這些大天使失望地看著扭曲的演化進行。祂們看著祂們的靈魂弟兄失去控制，開始化身進入需要去控制的那些生物裡。這就是最初的墮落。它們的墮落是如此徹底，使它們變成了自己所創造出來的生物，忘記了自己原有的神性，並首次在物質層面上體驗到痛苦與恐懼。它們失去了身為光的孩子的意識，完全落入物質

界，體驗到的不只是痛苦，還有感官肉慾。

「這就是後來所謂的路西法反叛或路西法的影響。路西法的意思是『帶光者』，這些神聖的靈魂正是如此，但當它們出於自由意志從神聖的恩典墮落時，它們就在自己之間創造出了戰場。因此邪惡這個概念，事實上就是自由意志偏離神聖之神的行為。路西法的影響並非來自單一的邪惡存有，而是那些原生靈魂集體犯下的一個錯誤：忘記了它們被創造出來，是要服務對萬物都有著神聖之愛的神。

「這就是暴力的最初展現。反叛神聖律法的暴力。那些靈魂開始相互爭吵口角，創造出的生命也反映出它們而變得愈來愈怪異扭曲。它們創造出龐大、無用及幾乎沒有大腦的生物，像是恐龍。適者生存的衝突開始了，首度在地球上引發了因果律，或者說是業力的法則，因為所有的能量總是會回歸到自己身上。那些生物的本質中似乎有著魔鬼般的力量，但事實上牠們是在跟自己掙扎對抗。而這麼一來，牠們忘記了要認出彼此的神聖。

「戰鬥和殺戮在這些新近化身的靈魂間爆發，被困在動物形式較沉重的物質性裡的靈魂感到了巨大的痛苦。大天使們失望地看著，但仍然保持抽離。

「這是它們自己行動的後果。它們是墮落的天使。大天使們目睹了自由意志超出神聖意志的界限時所產生的結果，但祂們沒有插手干預。祂們知道偉大的造物之神愛它們全部。墮落的靈魂可能會感覺被分離、被神聖之神所拋棄，但不是永遠。

15

「在其他世界裡有別的生命體，具有不同於人類的形式、技藝和科技——其他比較依循偉大聖靈之道進展的弟兄。也有一些是經歷跟地球類似的狀況，也有些的狀況甚至更糟。不論是哪一種情形，每一個靈魂的任務就是要記得自己的神聖本質並回歸其中。

「偉大的神和大天使們知道，有必要將那些靈魂創造出的混亂做一番清滌。正在地球上不停演化所建立的瘋狂必須停止。那些比較濃密鈍重的生命形式，這時候已經充滿了恐懼和扭曲的恐慌，必須被掃除。於是這些生物的生命力被切斷，結束了牠們的古老承繼。因此那種叫做恐龍的巨大動物滅絕了。所謂的冰河時期並不是牠們之所以消失的原因，而是藉以使牠們消失的工具，因為牠們的生命力被大天使取走，大天使們需要創造出一個更完美的環境，讓祂們的靈魂弟兄們能夠救贖自己。

「為了在物質層面救贖它們的靈魂，需要有一個工具。因此它們從塵土中創造出一種新的生物，將會演化成為人類……那就是靈長類。

「於是較低等的靈長類開始演化，成為前人類的形式。為了重整秩序，大天使們需要創造出一個完美的形式，讓靈魂回歸它們的神聖性。但形式跟那些靈魂必須要一起演化。那些失落的靈魂如今處在無意識的狀態，不知道自己神聖的源頭，也不知道自己的力量和能力。後來，這種存在狀態在現今的世界上就被稱為地獄。地獄就是被拋到外層的黑暗裡，被切斷隔離在神聖之神的照耀之外。地獄是一種靈性的失憶症。這種狀態是當初落入物質

界的後果。它們保留了某種程度的智能，但沒有保住靈性，因此它們脫離了神聖意志。

「就這樣，較低等的靈長類變成了人類演化及回歸於神的最初工具，救贖的第一步。同時在宇宙的其他地方，在鄰近的銀河系裡，還有其他的生命在演化。有些發展出了較高的靈性，有些發展出較高的科技，有些則兩者兼備。這些後來被稱為外星人的生命，發展出可以在星球間往來的偉大技術。他們乘著那些偉大的機器旅行，將他們的文化、概念以及自己發展出的思想帶到各處。他們想執行偉大的造物神的工作，當他們觀察到地球的情況，他們決定努力加速演化的過程。他們具備高度的基因工程知識以及基因密碼，也了解如果完全靠靈長類自己的話，救贖的演化過程會花上很長的時間。因此外星人開始貢獻他們的力量來加速演化模式，方式包括使用水晶科技、基因工程，以及跟靈長類混種交配；在生理和心靈兩方面。這個過程事實上就是地球上演化進程中那個失落的環節。由於生理和心靈的影響，人類突然出現，跟之前的靈長類似乎沒有直接的關連。由於外星人的幫助，他們的靈魂被震回了意識裡。他們愈覺醒，就變得愈完整，於是靈魂的神聖性也增加了，並且將肉體形塑成一個能反映出新覺醒的神聖靈魂的形式，一個能表達男女、陰陽、正負火花的完美平衡的身體，也就是神的本質。

「亞當之族由此產生，經過千百萬年的發展和演化，建立了初步的社群、習俗、法律、信仰，直到形成一個基本的文明。在第二波外星人的幫助之下，人類第一個興盛文明的搖

15

籃產生了。這個文明後來被稱為雷姆利亞，也就是聖經中所說的伊甸園。現在用來回歸神聖的載具就是雷姆利亞的人類。外星人加速了地球人演化的模式。」

約翰的講述停頓了一會兒。約翰一直在我腦中談到靈魂的創造，鮮活地讓我覺得自己也經歷了那一段。他談到我們歷史書中沒有的事件，談到我們從神的恩典中墮落，我們的不完整感以及原罪。他談到演化中那失落的環節，說這是由於來自太空遠處的外星人的心靈和遺傳輸入所致。我的腦袋紛亂，轉個不停，卻對這些感到一種揮之不去的了解。

當他說著話，而我坐在雷姆利亞的學習殿堂時，我覺得身上每一顆細胞和原子都活了起來。我感到自由，彷彿從焦慮中被釋放。我感覺自己完全放下了。我不確定自己放下的到底是什麼，直到我發現自己正飄浮在離地面那張薄蓆大約三呎的地方。我感覺約翰在微笑。我感覺與約翰合而為一，感覺與神合而為一，感覺與自己合而為一。我感到自由。格言、諺語和字句在我腦中飛掠。「認識你自己。」「真相會讓你自由。」「以汝全心全智愛汝之上帝，愛汝之鄰人如愛自己。」這些以前只是空話，現在它們有了意義。我腦中開始自由聯想。

我記得讀到聖經〈以西結書〉等書中，那些似乎在描述太空船和來自其他世界（或者說天國）的生命的段落時，我是多麼地感動。現在約翰解釋了它所代表的意義。

我感覺自己在空中振動，感受到一股從未有過的廣袤和平之感。

「這麼說，外太空的訪客已經觀察這個星球千百萬年了？」我問約翰。

「是的。這沒有什麼不尋常。這種事在每個星球上都會發生，所以妳不要執迷於外星人比較優越這個觀念。我會解釋清楚。外星人有很多種，有些比較有靈性。而所有的靈魂生物都來自偉大的神，都負有同樣的任務——將靈魂回歸神聖，交換他們已得到的生命之禮。外星人的情形也是如此，雖然他們其中有些具備比較高度的靈性和科技。比方說，當第二波外星人來協助雷姆利亞文明時，他們帶來了藝術、文化、數學以及較高等的科技和靈性，但他們也堅持要被尊為神明——尊為優越的存有。他們違抗了偉大聖靈的謙卑與平等法則。他們不實地將自己表現為上帝，而他們這種行為的副產品就是偶像崇拜。管理這個銀河系的大天使們不滿意這些外星人的靈性虛假，因此制訂了一個在靈性方面不許插手的政策，這是在雷姆利亞文明極盛時期發生的。祂們明白，最好讓人類自己在靈性身份的認同上努力，直到人類可以自行到達更純粹的神聖狀態。」

「我們在雷姆利亞一個很關鍵的時期，」約翰說，「來到位於如今大西洋的亞特蘭提斯。這裡是雷姆利亞人的一個前哨殖民地，」他告訴我，「該地的居民喜歡被稱為亞特蘭提斯人，他們喜歡發展自己較現代的文明，與雷姆利亞那個靈性的母國分離，因為亞特蘭提斯人受到在此設立文化交流的外星人的現代科技很大的影響。」

外星人有著高度發達的科技，亞特蘭提斯人受到了科技的誘惑——他們巨大的太空船、進步的物質科學、基因工程、藝術及文化；還有他們相信是先進發展的社會工程。外星人本身含蓄地試著警告亞特蘭提斯人不要偏離了他們自己靈性的基礎，也遵守了不干預的政策。但亞特蘭提斯人並沒有聽從。不久他們開始發展出將思想模式分離的過程，這是崇拜科技與物質價值的結果。母國雷姆利亞很擔憂新的科技思想會使亞特蘭提斯人的靈性消失，並造成雷姆利亞和亞特蘭提斯之間的分裂與爭論。他們知道這些觀念最終會影響到雷姆利亞這個人類靈性的家園。

有些信奉新價值觀的亞特蘭提斯人會回到雷姆利亞，鼓吹他們的新思想，舉出外星科技、藝術和文化方面吸引人的例子。

約翰描述他在雷姆利亞看到亞特蘭提斯傳來的新思想所造成的結果。他說亞特蘭提斯的思想在集體意識中造成了分裂，最後導致雷姆利亞溝通模式出現極端的混亂，使大部分人都陷入一種不平衡而擾動的狀態，失去了與統一和整體的認同，進入一種疏離和寂寞的狀態。在這種疏離的狀態中，約翰說，「每個人都發展出了自我——也就是『自己的』或『自私』的感覺。」

「這，」約翰說，「就是妳所知的原罪。」

他說這種「自我」中心的價值觀繼續下去，導致優越感的產生。而出於這些優越感，使

得一群人會去奴役另一群人。奴役者會在心理上控制那些沒有達到足夠成長並融入社會的人。那些人因此會被貶抑到社會中較低等的地位，而統治階級就因此演化產生。當這種事發生之後，所有的和諧便完全毀壞了。

約翰說由於集體意識被毀，而集體意識原先是直接連結大自然本身，因此發生了一場大災難。地球是一個活的有機體，與人類的集體意識有著直接等比的反應——而不是反過來的。人類的集體靈性意識，事實上形塑並操控了大自然的生態活動。人類的靈性能量比大自然更有力量。神造靈魂，讓它們與神共同創造生命，管轄所有的生命形式。地球本身就像一株植物或一隻動物，她是活生生的生命，她有感覺、反應以及情緒行為模式——而當靈魂變得扭曲、不和諧和不安時，地球本身也會如此。

「於是，」約翰悲哀地說，「我看見雷姆利亞下沉到波濤之中。妳也看到了。人類扭曲的電磁能量擾亂了大自然的平衡以及大自然和諧的流動。於是大自然便如此回應。這讓我感到無比的悲哀和無助。我聽見幾千幾百萬個靈魂在呼救，因為他們不了解自己做了什麼。雷姆利亞地表下的火山活動沿著陸塊結構邊緣活躍了起來，我就知道雷姆利亞會沉沒了。」

我一邊聽，一邊帶著點哀愁地回想起來。我知道事情發生時我在那裡，也深刻地認知到雷姆利亞的沉沒在我的生命中啟動了一種個人業力的反應，我將在時光中一路整理下去——直到我了解為止。

我需要了解的是什麼？為什麼我現在又回到了雷姆利亞？

「是的，」約翰說，「當時妳跟我都在那裡。那時候妳是我的學生。妳是我們……」

突然間，我聽到很大聲的敲門聲。約翰的聲音在我腦中退去。我不知道發生了什麼事，我聽不見他的聲音了……只有回音。敲門聲愈來愈響。

然後，彷彿穿過一條保護隧道，我感覺自己飛奔回到現在，直到我清楚意識自己又回到了床上，在彭費拉達的聖米蓋旅社，在西班牙。

有人一直敲著我的門。我一開始並不知道自己身在何處。我滿身大汗，此刻的真實世界對我是個震驚。我的身體感覺陌生和奇怪。街上施工的聲音刺痛我的耳朵。

我在房中四處走動，試著調適。我感到禁閉、孤單，非常困惑。

我剛剛發生了什麼事？我是否做了一場人類所知最龐大的夢？它意味著什麼？那是真的嗎？到底有什麼是真的？是我的靈魂在跟我說話嗎？我是否正經歷靈性的覺醒？到了最後，最重要的是否是我的靈魂，就像我在最初時一樣？而現在我是否變成了一個比較擴展的「我」？

慢慢地，我走到門邊，原來是老闆娘站在那裡，帶著一位她找到會講英文的男人。她說我到了樓下或許會想跟他一起吃晚飯，讓他應付也等在樓下的媒體記者。

我謝過他們，說我稍後就下去，然後關上門。

現在，最重要的，我想了解我剛剛經歷的是什麼。是夢嗎？還是我的想像力作祟？如今還有什麼是真的？我是否在編造一段過去，其中戲劇性的內容就連詩人約翰・米爾頓（John Milton）都不曾想像到？事實上，想像力又是什麼？它的來源、動機、前身是什麼？想像力是起於創造的時刻，還是我的靈魂對我心智傳達的是建立在先前的經驗和某種遺忘的知識？我一邊做筆記，一邊想起《道德經》裡一段令我印象深刻的話。「知者不言。言者不知。」我應該跟別人說這件事嗎？不，還不要，我想。也許永遠不要。

我穿好衣服，跟那個會說英文的男子坐在一起，吃了一頓我記不得的飯，想付飯錢但他們不讓我付，計畫著隔天早上該如何在這市區找到黃色箭頭並避開記者，這整個過程中我也同時努力在分析，我是否由於身在異地而出現了某種異常的心理狀態。我周遭的環境並不和諧，不適合評估靈魂！我必須離開這城市。我只剩下幾天的路程了。

我所看到的那段過去，是否是我現在的一部分？我知道我的未來自會有無法預料的演變，但我的現在是一團混亂。

15

我在那種混亂的困惑中入睡。蘇格蘭人約翰沒有再出現。我輾轉反側，不知道什麼是夢、什麼是異象、什麼是真實的。但冥冥中我知道是我創造出這一切思緒和感覺。是的，我想，是我創造出雷姆利亞，從神的恩典墮落、原罪，以及我與神聖的分離嗎？這就是其中的含意嗎？是我們每一個人創造出發生在我們身上的一切，以及我們認為在我們身上發生過的一切嗎？

16

第二天早上我想付住宿費，但老闆娘不肯收錢。她讓我從後門離開，避開等在外面的媒體記者。兩名純樸的西班牙女管家帶我到黃色箭頭的地方，很快我就出了城。

當我正在穿越一處果園時，一隻巨大的黑狗突然從錫皮搭的穀倉中閃電般地竄出，直撲我的咽喉。但牠沒碰到我。牠脖子上綁著長長的狗鍊，在半空中把牠扯住了。這個不速之客感覺起來是如此致命。我恢復鎮定繼續走下去。至少我沒有創造出牠來咬我。

我在卡卡貝羅斯（Cacabelos）一家小店停歇。老闆走出來，端給我葡萄酒和食物，我吃了一些櫻桃。然後他說可以幫我轉寄我覺得太重的東西，我把一些衣服和幾盒珍貴的底片交給他。我付了錢，並給他一份捐給該鎮教堂的捐款。我向他道謝，想著鄉間的人們對朝聖者真好……我始終沒收到那些衣服或底片。但又有什麼底片能充分顯示我在異象中所看到的那一切呢？

我開始爬上山，往維亞弗蘭卡德比耶佐（Villafranca del Bierzo）走去。人們說如果朝聖

16

者能走到維亞弗蘭卡，他的罪就會全部得到赦免。不知道那是否包括一千五百萬年的生生世世。

半小時之後，我吃下去的那些櫻桃開始讓我腹瀉。我停步脫下短褲，蹲了下來。一個高高瘦瘦的男人從樹林中出現，要我簽名。我發出噓聲想趕他走，但他對我正在做的事渾然不覺，想要跟我說話。我不理他，繼續做我的事。最後他終於識相地離開。名人真的享有特權——全無隱私的特權。

接下來的庇護所是一間廢棄的店面，上頭蓋著塑膠布。屋裡的氣溫是華氏一百零四度。管理那裡的人拒絕讓我使用廁所。我問他可不可以洗衣服，他說不。我看到一台脫水機，說我知道怎麼用。他說不。

我向下一個城鎮走去。聖地牙哥之路在這裡是沿著一條繁忙的公路。我差點被一輛大卡車撞倒。

現在我沒有辦法坐著不動超過一小時，於是我繼續走，穿過有著湍急溪流和奔騰瀑布的山區。我感到寂寞，心情不好，覺得煩躁。我不在乎是不是迷路，反正我已經迷失在時光中了。我只是想了解我的現實正在發生什麼事。這就是多年來人們來此朝聖的原因嗎？其中是否有任何人經歷過我所遇到的事？

我向上爬，瀑布直接從岩石間冒出。我經過一些筋疲力盡，在路邊睡覺的朝聖者。他們夢到了什麼？

每當我以為爬到了山頂的平地，就發現還有更高處。我的天，這就像人生一樣。我踩到一攤糞便，滑了一跤，不知道那是動物還是人的糞便。我納悶如果人只吃芒果，下水道會是何種光景。

我回頭朝山下看，沒有看到其他跟在後面的朝聖者。很多人都改搭巴士或計程車了。也難怪。

當我回頭看見自己走過的距離，我的胃翻攪起來。我們是否永遠不該知道在自己背後或前方有些什麼？我們是否應該不要管那麼多？我不是我以為的那個人。我正逐漸得知我在變成我之前是誰。

我經過了更多鞋子、襪子和長褲。

山頂上有個村莊。我看到一處飲水泉，往它走去時，又來了兩隻狗要攻擊我。我不理牠們，我的焦點集中在那水上。狗走開了。

我喝了那清甜的水，把頭埋進水裡。

16

我走到了維亞弗蘭卡，不知我那許多前世的罪會不會得到赦免。

黃色箭頭帶我走上水街，那裡有一座聖法蘭西斯哥教堂，建來紀念阿希西的聖方濟前往康博斯特拉之旅。不知他的靈魂現在是否活在世上。

人們說維亞弗蘭卡的葡萄酒要小口喝，因為它像蠟燭般燒灼著你的靈魂。我大可以一口飲盡，因為我的靈魂已經被燒灼了。

我走在一種混亂而痛苦的白日夢狀態裡。不管我把我的「夢境—異象」告訴誰，對方怎麼可能會不翻白眼？我基本上是一個非常「腳踏實地的人」，大家知道我對大部分事情都抱持懷疑和分析的態度——為什麼這一切要出現在我身上？光之線真的能引發這樣的記憶嗎？也許正因為我如此腳踏實地，所以能聽見地球的歷史和經驗。我是不是太鮮活地聽見和看見地球的經驗，使得我自己顯得脫離了這個世界？連我都得費好一番力氣才能阻止我對自己翻白眼！

我一直走到太陽下山，不在乎是否能找到一處村落裡的庇護所，也不在乎媒體記者是否會再度來偷襲我。我在原野裡幾株樹下的地方停下腳步，打開我的睡袋。我躺在裡面，望向天上的星星。我可以看見昴宿星團和獵戶座。我記起聖經中提到過昴宿星團的溫柔影響和獵戶座的束縛力。那本「上帝之書」的作者是否已經知悉人類所受到的外星影響？我不停地凝望著，直到我覺得自己能看進空氣的分子之間。此時此刻，其他星星上的生物在做

什麼？他們是否在凝視地球？我是否正受到他們某種心靈感應的影響？我知道在我上方的天空，在數以億計的銀河裡，我們不可能是唯一的生物。在我們的時光之旅中，他們扮演了什麼角色？還是說，是我正在創造他們，就像科學說是我們創造了時間一樣？

而靈魂又是由什麼做成的？像聖經所說的上帝的材料嗎？男人是什麼，女人又是什麼？如果每個靈魂都既是陽剛也是陰柔的，那為什麼要有分離？就在這些思緒襲向我時，我一閉上眼睛，約翰就再度出現。

親愛的讀者，許多人相信，人最接近體驗神聖的時刻是在性的結合當中。我相信那是其中一種途徑，而因為我曾有過的經驗，我了解為何在我們今日的世界裡，這個面向會是那麼多困惑、絕望和渴望完整的基礎。

請原諒我決定繼續下去，如果它的深度讓你感到威脅的話。但在另一方面，這讓你感到威脅和震驚，或許正是因為它與你直覺的真相有所共鳴。

在一股能量的衝力中，我彷彿經過一條光的隧道旋繞著回到過去。我回到愈來愈久遠的過去，直到再度置身於雷姆利亞的學習殿堂裡。我在約翰身旁，坐在同一張冥想用的薄蓆上。我聽見跟先前一樣的音樂，我們正在對話，他正在針對雷姆利亞發表議論。他完全沒提到這其間的中斷，或是提到又已經過了好幾天。我們的對話似乎是一個存在於時間之外的事件，蝕刻在它自己的實相上。就連他說的話也跟我們被彭費拉達旅館那響亮的敲門聲

16

打斷時所說的一樣。

「妳，」約翰說，「那時候妳是我的學生。妳是我們改良計畫中的一部分。我們需要妳。我們需要每一個能幫忙的人來阻止亞特蘭提斯的不和諧，以及那不和諧會對雷姆利亞所造成的影響。跟我來。」

我照著約翰的話做。我們從學習殿堂走到街上。色彩鮮豔、長著羽毛的蜥蜴在水晶步道上跑來跑去。三個市民以蓮座姿勢坐在路旁，深深沉浸在冥想裡，旁邊有其他人飄浮著。一隻色彩斑斕的孔雀展開牠那繽紛多彩的尾巴，讓一名教士取出三根藍綠色的長羽毛來新配在他的胸兜上。教士鞠躬致謝，孔雀昂首闊步地走開。孩童在玩耍，我可以感受到他們的笑聲，聽見他們的喜樂。

約翰拉著我的手臂引導我。「來，」他說，「我們要透過體驗去做些工作。」

他帶我走進一座水晶金字塔建築。穿著不同階段服裝的人四處走動。在他們沉默的思緒中，我感覺到一股敬畏的氣氛。

「這裡是生命開始的地方，」約翰說。「這是我們的阿爾法（Alpha）——我們的開始。這是我們的生命門戶。這些是我們的出生室。」

我環顧四周。藍色的光芒照亮入口大廳，盡頭是一間出生大廳。

「來吧，」約翰說。「我們來做準備。」

出生大廳的照明是更深的藍光。「這是一種能治療的顏色。」約翰說。這間寬敞的大廳四處都是巨大的水晶槽，鑲嵌在大理石塊裡。水晶槽被雕成子宮的形狀，裡面裝著金色的液體。

「新的孩子在這些槽中誕生。」約翰說。

我看見大廳另一端有些人從槽中鑽出，一邊移動一邊餵哺著他們的孩子。護理人員過去照料他們的需要，仔細地拭乾母子。接著他們用大水晶掃瞄新生兒的全身。

「他們在看有沒有身體缺陷，」約翰說，「如果有的話，就得馬上處理。」

約翰帶我直接走向其中一個槽，裡面有個人平靜地漂浮著。頭髮剪得短短的，懷胎的肚腹線條堅實飽滿；雙腿看來強壯，臀部結實，背脊挺直——一個古典的人形，像希臘雕像一樣完美，但既是陽剛也是陰柔的。

約翰將我轉離槽邊。

「這些是我們的開始。」他說，「是妳的傳承。出生是雷姆利亞生命中最神聖的時刻之一——而妳將要目睹這場誕生。我們不知道也不感到羞恥；因此，依照我們雷姆利亞的習

俗，現在要除去我們的衣物。」

彷彿是依照儀式和規定的禮儀，約翰開始脫衣。我也照做。約翰優雅地把白袍拉到頭上脫下來。一開始我很自在，然後我發現自己驚愕地瞪大了眼睛。約翰慢慢地、毫不侷促地除去了所有的衣物。他有乳房——女性的乳房。我不了解。我往下看，驚訝地張大了嘴巴。約翰具有雌雄同體的生殖器。當我除下自己的衣物，低頭看著自己時，我驚愕地發現自己也是雌雄同體，有著一樣的生殖器。我抬頭又看向約翰，不知道該怎麼想。

約翰溫和地微笑。「是這樣的，」他說，「就像最初靈魂沒有男女之別，雷姆利亞的種族也是如此。所有的靈魂當時是、現在也是雌雄同體，靈魂處在純粹的神聖狀態中；因此他們也就依此塑造了肉體。」

仍然目瞪口呆的我，轉過身往槽裡看。即將分娩的這個人轉過來面對著我，露出肚腹、乳房以及雌雄同體的生殖器。所有男性與女性的部位都包括在內。

「這個生命體現在要開始分娩了，」約翰說，「這名新母親將顯化出一個孩子。」

我盯著那個母親看。除了肚腹陣陣收縮之外，看不出分娩疼痛的跡象。她／他在自己引發的深度睡眠裡。然後我看見肚腹開始變大。時間似乎加速了，肚腹變得愈來愈大、愈圓，平和的分娩過程繼續著，直到最後，分娩的那個存有幾乎是完全女性的模樣。乳房是

豐滿的。他／她帶著藍光的臉上有著靜謐的神情，平和地漂浮在金色液體裡。雙腿張開，新生兒開始從子宮頸和陰道腔出來。一個新的生命進入了它新的肉體世界。那個小寶寶也是雌雄同體的，但是小了好幾號。孩子漂浮在金色的液體中。

助產士進入水晶槽，切斷了臍帶。現在我明白周遭每個人都是雌雄同體。他們撫摸照料著新生兒。

我看著那個母親。她／他已經不再漂浮，沉到了槽底。一名護理人員跑到一個寬大的架子旁取下一塊水晶，然後拿到槽邊。他舉起水晶，透過槽面掃瞄那雌雄同體的母親，尋找生命氣場。找不到。那個雌雄同體的母親死了。我開始哭喊起來。我試著控制住自己，試著去了解到底出了什麼可怕的差錯。

「仔細看著那個生命的臉。」約翰說。我湊近槽邊盯著那死去的雌雄同體的母親的臉。然後，我的記憶飛奔到億萬年後。我跌進了時光。然後我突然了解了。那張臉日後會變成查理曼，然後變成歐拉夫・帕姆。

我跪倒在地。「為什麼？」我對約翰哀求。「為什麼這個生命要死？」

約翰摸摸我的頭。「孩子，這個靈魂是妳的雙生靈魂，」他說，「他有一個業力缺陷，需要透過神聖狀態處理。這個靈魂是自願離世的，短期看來似乎很不公平，但就長期而言是必要的。妳需要再目睹一次這事，就像妳當時曾經歷過的一樣，好讓妳能了解。」

16

我再次看著那張臉。我可以感覺到自己臉上的淚水，嚐到自己唇邊淚水的味道。

「妳在聖地牙哥之路見過這個靈魂，」約翰說，「在妳今生中也愛過他。現在妳剛開始了解到妳曾經，以及將會穿越時光在彼此生命裡所扮演的業力角色。你們還會再經驗到對方——而且不止一次。現在妳開始了解了。這很痛苦，但真相是必要的，而缺乏真相比知道真相更痛苦。」

我感覺我的心智隨著約翰話裡的含意變得清晰了。

「那麼他是我的靈魂伴侶了？」我問，感覺自己像個青少年。

「不，」約翰說。「是雙生靈魂。你們一起經歷過許多時空。」

然後我猛然想到了真正的問題。「為什麼後來我又認識這個男人？」我問。

約翰深深地看著我。「這就是妳接下來要了解的。」他說。

「雙生靈魂或靈魂伴侶總是一起化身為異性嗎？」

「哦，不是的，」約翰說。「很多時候雙生靈魂和靈魂伴侶都化身為同性。所以才有那麼多深刻而正面的同性戀以及異性戀者和同性間的關係。妳明白了嗎？性別認同在靈性意義上是無足輕重的。身體跟愛無關，就像跟死亡無關一樣。唯一重要的是靈性的脈絡。」

「那麼我們基本上全都是雌雄同體的？」

「沒錯。我們忘記了每一個身體都該反映靈魂，而靈魂是具有完美的陰陽、正負、男性

和女性平衡的。我們把分離變成了刻板印象。妳很快就會看到之所以如此的原因。」

「靈魂伴侶和雙生靈魂有什麼不同？」我問。

「靈魂伴侶反映出與其伴侶完全相同的頻率振動。一對靈魂伴侶是在時間之始就被創造。他們註定要在一起，並持續尋求團聚。」

我不是很確定我想知道下一個問題的答案。「我的靈魂伴侶現在是否化身在這個世界？」

「沒有，」約翰說，「這就是妳一直尋尋覓覓的原因。妳事實上是在尋找妳靈性的另外一半。」

我繼續聽著，但約翰停頓了。

「那麼雙生靈魂呢？」我問。

「雙生靈魂是一起經歷過許多時光的靈魂，他們能夠幫助彼此回歸到神聖，就像妳剛才領悟到的一樣。雙生靈魂通常等待團聚，好讓其中一方能幫助另一個靈魂。」

我站起身，看著那水晶槽。我把頭向後仰，深深嘆了一口氣，閉上眼睛良久。然後，我跟約翰一起穿好衣服。

「我在這個雷姆利亞有孩子嗎？」我問。

「妳曾經顯化過懷孕，是的。」他回答。

「我是獨自完成這個過程的嗎？我是不是只要用意志讓自己懷孕就可以了？事情是這樣

運作的嗎？」

「是的。」約翰回答，「透過冥想的交流妳決定是否另一個靈魂想要進入。妳選擇做為那個靈魂的門戶，然後妳只要用自己雌雄同體的慾望讓自己受孕就可以了。妳的陰陽兩極有著完美的平衡。大約經過三個半月，那個新的靈魂會進入，或說化身在妳的身體裡。然後妳就成為另一個靈魂的門戶。這是一項很重大的任務。」

我攏了攏頭髮，又嘆了一口氣。「讓另一個靈魂有機會進入物質世界，一定是雷姆利亞經驗的縮影。」

「是的，」約翰說。「那被認為是最終極的經驗。而孩子是由兩個選擇一起生活的雌雄同體的存有所撫養。」

「他們是一夫一妻制嗎？」我問。

「嗯，那時候沒有性意識這種東西，但，是的，透過一對一的關係能夠達到更高的靈性。如果對對方的承諾強度分散了，就會對靈性造成阻礙。這種事通常不會發生在選擇了一個伴侶，透過伴侶經驗通往更高成長途徑的人身上。妳了解嗎？」

是的，我了解，我想。但我無法了解的是為什麼人類生命中有這麼多的根本已經改變了。約翰聽到了我的困惑。「妳很快就會明白。」他說，「這就是妳之所以在這裡的原因。人類需要了解，他們本該反映靈魂的平衡。妳也需要了解這一點。」

約翰帶我到一處水晶的冥想廳，我們坐在一起。接下來有一段無法計算的時間，我感覺自己深入了一種「思想－睡眠」的冥想狀態，約翰說這種意識狀態是用來學習。似乎過了好幾天、好幾週、好幾個月。時間不再是我所能認出的一個維度，我的冥想是沒有時間感的。

我跟約翰一起以蓮座坐姿冥想，直到我感覺我的七個脈輪全都與顏色共振。他帶引我的冥想。我感到我的靈魂的振動，感覺到我最初存在的氣場狀態。我覺得和我神聖的、天使般的狀態很接近。然後我看到另一個靈魂在一團濛霧中從我面前經過。儘管我看不見那是誰，但我感覺自己決定要作為那個靈魂回歸的門戶。不久，透過更深的冥想，我讓自己的妊娠實現了。當我離開那個涅槃狀態時，我知道一具肉體的懷胎已經完成。約翰說在第四個月，另一個靈魂會進入我裡面的那個新身體，在我腹中的孩子會開始動。

約翰接著說我已準備好參加亞特蘭提斯的一項新的大型實驗，以便「改善」這裡的文明。

他說雷姆利亞的長老院已經民主地投票決定進行這項新實驗，並請求外星人的幫助，他們都覺得這在神的眼中是必要的。亞特蘭提斯人受到科技的吸引，對唯物主義和「自我」的專注造成他們追求自我中心和優越的態度。這些心態都需要改變，人類靈性的優先順序必須重新設定。他說我是其中一個自願展開這項計畫的人，最終，地球上的每個人都會成為這計畫的一部分。我還不能談這件事，因為這只會讓那些試著要了解的人感到很困擾。我只要準備好自己，等時機成熟便前往亞特蘭提斯。

16

突然間，在雷姆利亞和學習殿堂的場景轉換了，我不再身在那裡，而是站在一條大道的中央，清楚覺察到周遭嘈雜刺耳的聲響。到處都可以看到在買賣貨物。人們高聲講著話。在雷姆利亞是沒有人聲的，只有思想強有力的傳遞。烹調食物的味道——一種煎炸東西的味道——瀰漫空中，不再有雷姆利亞的花香味。細看之下，我注意到現在有些人具有男性或女性的模樣。女人們耳朵上、脖子上、手臂和手指上都裝飾著寶石和金屬，臉、嘴唇和雙頰上化著妝。她們的聲音很高，講話速度很快。男人則顯得較從容，聲音低得多也比較宏亮，我觀察到他們常常走在女人前面。他們沒有裝飾品，除了臉上留著鬍鬚。這讓我感到驚訝，因為我在雷姆利亞從沒見過體毛或鬍鬚。

我注意到街上各個角落不時爆發騷動，就像沸騰的大鍋一樣。一隻看起來很餓的狗，走進一圈在吵嘴的商人之間。有人踢了那狗一腳，狗哀叫著夾著尾巴跑了。

孩童成群結隊玩耍，笑聲刺耳。當他們注意到有大人在的時候，身體的動作就變得偷偷摸摸的。

路旁有樹木、灌木叢和花朵，但那些紅色紅得沒那麼鮮活，葉子的綠也比較接近橄欖色，而非帶有虹彩。

山坡上刻鑿出壕溝、水泉、露台。外星人駕駛的太空船在附近和太空港上盤旋。現在外星人和地球人互動時，彼此間似乎有著明顯的分隔。我邊環顧四周的生命，邊尋找約翰，但他不在。接著我聽到有人在遠處哼著歌，那聲音在我聽來非常美麗。

一個男子走過來跟我打招呼。我看著他的臉，認出他是我現世的父親！他的深色頭髮披散在背後。我們交握手掌致意，臉頰相觸，然後一起悠閒地走著。我揉按我的前額中央，很用力地壓著。他當然不知道他會是我二十世紀的父親，在這一世他顯然是個好朋友。

他談起亞特蘭提斯的新價值觀，顯得很興奮。但我們走在一起的時候，我注意到他的身體動作不像雷姆利亞人的身體動作流暢和溫和。他移動的時候沒有流動感，手勢顯得抽動而有些不協調。

「這裡的一切很不一樣。」我爸說，「其中有些令人困惑，但對我們大部分人來說都很令人興奮。」

在我們走動時有雜音。我意識到我正聽見口說的語言。

「我看到，」爸說，「妳正在準備生子。」

我微笑著摸摸腹部，然後抬頭看向天空。

「是的。」我說，「我在為一個新生命準備門戶。」

我感到一股奇怪的焦慮，但是沒有說什麼。大大小小的外星船艦起飛在空中呼嘯而過。

16

到處都有外星人在搬運水晶。約翰說過，外星人使用水晶來增強思想和更高度的靈性集中強度，以進行這個新計畫。

當父親跟我走在一起時，我感覺自己變得有點困惑，彷彿他跟我想的是分離的而非和諧的思緒。我發現很難跟他溝通。

「沒錯。」我說，「我立刻就可以看出亞特蘭提斯很不一樣。為什麼他們要用這麼多水晶？」我在想不知道他曉不曉得約翰告訴我的事。

「有些奇怪美好的新實驗在進行，」他說，「那些實驗要用到水晶。我不太清楚內容是什麼，只有最高層的人參與。但我了解所有參與者都同意，那是通往更高靈性活動的途徑。」

我看著父親，但沒說什麼。我們穿過繁忙熙攘的街道。我對這裡不同的節奏和不同的肉體外觀沒有心理準備。這裡多了這麼多噪音，每個人的動作也更快，身體動作顯得有點脫節。人們的穿著彷彿是為了節慶而打扮，我父親解釋說，他們頭巾各種不同的顏色是標示他們的社會等級。

「你們這裡有社會階級？」我問他。

「是的，」他回答，「這是新作風的一部分。成為最受尊敬的顏色是很好玩的。」

「最受尊敬的？這裡是怎樣的系統？真的很不一樣。」

「嗯，」父親說，「雷姆利亞老家那裡的一切都是集體運作，因為一切是由靈性啟動來滋養集體的靈魂，但這裡比較多采多姿——比較多維度，比較個人化。」

「怎麼說？」我問。

「嗯，我們有政府官員，文學人士和知識分子，工匠，一支有限的軍隊做為警察和環境衛生隊，還有——」

「等等，」我說，「你們有軍隊和警察？」

「是的。」父親眼睛發亮地說。

「為什麼？」我問。

「嗯，」父親說，「因為我們有這麼多藝術和知識要保護。我們不希望我們的進步被犯罪給污染了。」

「犯罪？」

「是的，犯罪。」

「犯罪是什麼？」

父親有點詫異我似乎這麼天真。「嗯，犯罪就是一個人做出違反法律的行為。」

「什麼樣的法律？」

「嗯，由政府制訂來保護社會的法律。」

「但保護社會是要防誰呢？」

16

「咦，防彼此啊。」他說。

我悲哀地想起約翰的話。「當一個社會開始將每個人分開來想，那個文明就開始走向結束了。」

現在我看到亞特蘭提斯這裡的建築圍著圍牆，在較大、較為宮殿式的建築四周則有壕溝。在壕溝上方，靠近住家的地方，有一片片平坦的土地，種著各式各樣的植物。

住家的入口藏在岩石壁架下，彷彿要隱藏裡面的東西。藤蔓和攀爬植物從岩架上垂下。

「先到我家來。」父親說，「休息冥想一下，然後妳可以到出生大廳去報到。這樣可以嗎？」

我點點頭，注意到我很難用口說的語言來交談。

「我住在那兒，」父親說，「在中間那一層。」

我看到一直排的陽台，後面連接著公寓住家。住家門口有巨大的花瓶，裡面裝著土，種有許多種類的植物，散發著香氣。水泉從下方噴起，水霧讓空氣變得清涼。在一樓滿是花朵的陽台上方另有一排住家，旁邊圍繞著開放式的走廊，走廊的地板是下層的天花板。鳴禽和未關在籠中的觀賞鳥類歡迎我們的到來。

「請進。」父親說著請我進門。

我稍稍低下頭以免撞到入口的上方。屋裡有一盞罩著燈罩的高壓無空氣圓柱燈，發出柔和的光照亮室內。這房間顯然是斯巴達式的家徒四壁，房裡沒有家具，大理石地板上放著幾張沉思用的蓆子。

我微笑著跟他說再見，想著我的生產計畫和我背負的使命。

「不用客氣，讓妳自己平靜些。」父親說。「我要出去一下。」

我在一張薄蓆上以蓮座姿勢坐下，沒幾分鐘就感應到有人在出生大廳等我。我匆忙離開父親的家，希望他回來發現我不在了不要太失望。

我穿過街道，注意到很多懷孕的人。不知道他們其中有多少是為了改善社會而做出跟我一樣的決定。

瘦長輕盈的外星人駕著飛船來來去去，船上除了載有種類繁多的水晶，也有人類。我注意到亞特蘭提斯的水晶形狀變化比較多。

不知怎地，我就是知道自己該往哪裡走。我在圓頂的出生大廳前停步，但立刻就了解該走進旁邊的高大、水晶形狀的金字塔裡。上面並沒有特別的標示。

我在水晶入口室裡見到三個皮膚半透明的外星人，還有兩個雷姆利亞人，他們自我介紹說他們是基因工程的密碼專家。我們握掌為禮。我點頭向他們致意，跟著他們走進一間藍霧室。一張大理石桌上精心擺放著兩座跟真人大小一樣的水晶形體，各具有一部分的人形。我仔細檢視這兩座水晶形體，雕刻得很細緻，從頭殼到大腦到生殖器一應俱全。我注意到一座是男性，另一座是女性。我想起在這之前我從沒看過人類的生殖器被分成兩性，這讓我感覺很奇怪而且有些寂寞。

我伸手觸摸那兩座水晶形體，點點頭。然後兩名護理人員帶我走到一座水晶槽旁，槽裡裝著我在雷姆利亞那場誕生中看到的同樣金色液體。我低頭看著腹部，試著跟現在棲息在我體內的新靈魂溝通。

由一群外星人、雷姆利亞人以及亞特蘭提斯人所組成的長老院，在水晶形體一側排成一個半圓形。他們溫暖地向我致意，深深感謝我的勇氣。我的回應是向聖靈表示感謝。我說我了解我將做的事，並說希望能對靈性有所貢獻。

長老院再次集體感謝我並站了起來。然後他們慢慢地、儀式性地除下了衣物，我也跟著做。長老院遵照禮儀地裸體站著，其中有半數是雌雄同體，另一半則否。我進入了水晶槽裡。長老們坐了下來。

我平和地站在淹過我身體的金色液體裡。我的呼吸平順，受到控制，很快就進入了深度的冥想。

「我們開始吧。」長老院的最資深成員說。

他們以蓮座姿勢圍繞水晶形體而坐。隨著時間過去，他們的頻率開始振動，不久他們集體飄浮起來，脈輪完全地亮了，他們的氣場炫目耀眼。他們的光的能量愈來愈強，從群體中散發出一圈耀眼的白色能量。接著長老院的成員將他們自己的能量傳送到水晶上。每一個人前額中央的第三隻眼，都有一道光射向桌上的水晶形體。

然後帶著加速的電磁頻率，那些光束融合在一起，形成一道道弧形的光芒，從桌上的水晶形體射向槽中的我。我感覺到集體的能量到達我的身體。我知道我「合作」的時刻到了。我充滿不安，但信任他們。到這裡已經不能回頭。我躬身向那些弧形光芒，彷彿是順從一個更高智慧的意志。產生的能量開始照亮槽中的液體。

慢慢地，我感覺我的身體在肩膀部分擴展開來，一時間肩膀感覺好像脫臼了一樣。不痛，只是脫臼。我向前彎身，感覺到雙肩上形成一大塊突起。長老院加速第三隻眼的能量，我可以感覺到他們的力量。我放鬆，更向前彎，直到我慢慢地清楚感覺背上正形成另一條脊椎。我更深地呼吸，好控制我身體的恐懼，我的心裡則感到平靜。我自己的脊柱正在分離，而我彷彿正在目睹它發生一樣。同時我的心跳不由自主地開始加快。我知道我不該嘗試降低新陳代謝的脈動，就在我清楚感覺到我有了兩個脈搏，成形兩顆心後不久，加速就停止了。

然後我意會到，我的其他內在器官顯然也在一分為二的過程中。很快我就會是兩個分離的人。在我胸口的左邊，女性的乳房開始形成，另一邊的胸口則保持男性模樣。我的大腿開始擴展直到每條腿變成兩條。在男性那邊的兩條腿有著結實的肌肉，女性這一邊的則輕盈纖瘦。集中的能量現在移往我的腹部——我懷孕飽滿的肚腹。突出的腹部輕柔地起伏著，向內縮進去。同時間，這平坦的腹部分開了，成了兩個腹部，一邊圓潤而女性化，另一邊肌肉結實。我感覺自己進入了更深的冥想。這是必要的，因為我無法瞭解正在發生的事。然而我仍然不覺得痛，也仍然感覺信任。

我在腦海中看見我的生殖器開始分開，男性的生殖器移到新身體的男性那一邊，女性的生殖器則移到女性這邊。這時，即使我是在「思想—睡眠」的狀態裡，我都感覺到一股劇烈的疏離感，一種焦慮失落的感覺。長老院現在集中冥想在那兩座人形頭頂的水晶頭殼上。他們的光頻率更加速了，能量使弧形的光芒更為明亮耀眼。我彎身祈禱，直到我的頭碰觸到那些耀眼的弧形光芒。當那些弧形光芒接觸我的頭部，兩顆頭開始成形。我感覺腦中一片昏暈，感覺我失去了自己和我的身份認同。我的頭一分為二，我感覺我的五官開始完全改變。原來的我的五官已經不再，而是融入男性那一邊新的那顆頭上，而一組全新的五官逐漸出現在女性這一邊的頭。我了解我腹中孩子的靈魂已經化身為女性形體，而我自己的靈魂則棲息在男性形體上。然後我看見來自雷姆利亞的我的雙生靈魂已經透過我提供的門戶回來了，但有了一副女性的身體。我自己雌雄同體的靈魂如今則將以男性身分生

活。

兩性的分裂幾乎完成了，但這兩具分離的身體肋骨部分還相連著。慢慢地，肋骨部分的連接脫落了，出現了兩具完整的身體——一個是男性（我），另一個則是女性（我的雙生靈魂）。夏娃從亞當的肋骨出生已經完成。

兩具身體一完全分離，長老院就立刻關閉他們的能量，只剩下他們圓形氣場的餘暉。他們筋疲力盡，滿頭大汗。但在來自彼此和外星兄弟的輸入、知識和專長的集體協助之下，他們正在為人類種族開啟新的曙光——男性和女性。我失去了意識。不再有任何影像。

✥

我感覺陽光照在眼睛上，炎熱而使人安心。我睜開雙眼。我躺在西班牙的一處原野裡，遠處圍繞著牛群。我甩甩頭醒過來，爬出我的睡袋，摸摸我的雙臂雙腿、軀幹。我是完整的。

我摸摸我的腰臀和乳房。是的，我仍然是女性。

我拉下短褲小解。是的，這仍然是真的。我站起身，對著太陽眨眼。夜裡的那段異象是什麼意思？我曾經一分為二？然後變成了一個男性？我想起約翰說夏娃從亞當的肋骨中出生的神話在很多人類文化中都有，因為那事實上是我們的遺產。那意味著我們自然的狀態是雌雄同體的，因為我們的靈魂有著完美的陰陽、正負、男女的平衡，而身體應該反映靈魂。我無法用邏輯方式將這些推斷出來，但它感覺起來很真實。兩性的分裂是多久以前發生的？約翰說過整個基因工程實驗花了幾千幾百年。

顯然地，在今日的世界，絕大部分人都在尋找一個伴侶，一個可能反映出他們自己失去的那部分。對大部分人而言，這似乎一直是文明的焦慮。歌曲、文學、小說、笑話、宗教、靈性探索，似乎都是來自一種要找到我們失去的那一半並與之連結的渴望。我在尋找的東西，就是這個與我原初自己的分裂與分離嗎？不是尋找一個伴侶，而是跟一個平衡的靈魂重聚，反映出神的神聖能量？

重點在於平衡：我自己內在陽剛和陰柔的平衡，也將會反映我靈魂的平衡與和諧。這就是佛教徒所謂中庸之道的一部分嗎？那種反映完美的陰陽中道平衡的意識？想到這一點，我看過的佛像幾乎每一尊都是雌雄同體的……。

因此重點不在於性——而在於平衡。有了那種平衡（在今日的種種文化中，這確實需要勇氣），就會對靈魂之旅感到熟悉。我們的兩個靈魂千百萬年以來經歷過的一切，仍然是我們基因記憶的一部分。我們曾經既是男也是女，因為最初，我們就是反映出那個既是男性也是女性的神聖靈魂。

我站起身，閉上眼睛，抬頭迎向陽光。然而有個感覺讓我睜開了眼睛，我看到一個男人正往我走來。我試著顯出在想事情想出神的樣子，但他走到我面前。

「早安。」他說，「我可以請妳簽個名嗎？」

17

他說他名叫胡安，想跟我談談。我替他簽了名，表示我不想談話，然後捲起我的睡袋。

雖然我盡可能地不理睬他，他開始講話而且講個不停。他說他弟弟被外星人綁架過，被帶到一架幽浮上。他說他們傳達給他弟弟的訊息是，受苦是一種制約反應，我們人類全心、深切地相信我們活該受苦，而且認為受苦是人生中必須的——但我們錯了。「受苦是一種將控制制度化的方式，基本上它是我們從過去一直有的基因記憶，但並非我們基因組成中與生俱來的。」他說，「如果可以抹除那個信念，就不會再有戰爭、衝突、殺戮或饑荒。」

我疲倦地聽著，然後直視他的臉。「當然啦，笨蛋，但我們要怎麼阻止它？我不想跟你談業力、幽浮或者生命中的受苦。我不知道要講什麼。」

「但這些事情妳都知道。」他說，「我讀過妳所有的書。」

「我什麼都不知道，」我說，希望能就此切斷他的話。「我連我現在是不是正在往賽布雷洛（Cebreiro）走都不確定。我是嗎？」

「是的。」他回答。

「但我是不是自己編出我在走的這件事？」

「什麼意思？」他問，很有理由感到困惑。

「我不知道我是什麼意思。我不知道任何事情是什麼意思。我甚至不確定我活著。」

這個胡安繼續跟我一起走。我沒那個力氣可以把他甩在後面，只好勉強跟他講話，試著回答問題。不久我就感激地發現，儘管他兄弟被綁架、人類從神之恩典中墮落、塵世的苦難和業力等等法則，他真正想談的還是好萊塢。他堅決認為好萊塢的電影比不上歐洲電影。我覺得這兩個話題都很不可理解。我繼續向山上走去，直到擺脫掉他。我發現自己正俯視著一片雲海。我記起我父親的忠告：「獨行者能走最快。」

但我是在朝著什麼行走？又是從什麼開始行走？我爸會對這一切作何感想？

一處庇護所有安娜給我的留言，她正在聖地牙哥等我。那位巴西歌手寶貝康蘇艾羅在我後面兩天的地方。

我在庇護所看到一個幾星期前遇過的巴西女人。她喝了污染的水生病了，躺在一個也生病了的男人身旁。兩個人都已婚，不過配偶不是對方。

「聖地牙哥之路發揮了它的魔力。」她對我說，「我愛我先生，但我從來沒有感覺我需

17

要他。現在我領悟到我需要一個男人。這段戀情不會持續到走完聖地牙哥之路以後，但當我回到我丈夫身邊時，我知道我會需要他。」（她一定是亞特蘭提斯最早經歷兩性分裂的人之一，我想。）

一個生病的人怎麼會有精力在聖地牙哥之路一天做愛五、六次，我怎麼也想不通。這一定是有病。而這點，當然，她是生病了。

我外出走到一條溪流旁，讀我所帶的唯一一本書——新約。我隨手翻到了馬太福音第二十四章，上面正寫著：「你們也要聽見打仗和打仗的風聲……民要攻打民，國要攻打國，多處必有饑荒、地震……」我們是不是正在害自己即將面臨某種可怕的大變動？

我抬起頭，空中有一架直昇機在盤旋。哦，天哪！我知道這是為什麼。但用飛機來偷襲未免有點太離譜了。

我逃向鄰近的一所修道院，但是沒辦法進去。我被困在外面。直昇機降落了。我合上新約站在那裡，準備迎接下一番啟示。媒體記者從直昇機內一湧而出，一面對我喊著問題一面用攝影機直照著我。我站著不動，一個字也沒有說，把自己放在另一個時空（這並不難）。媒體記者變得困窘（真少見），修道院的教士終於出來讓我進去，我坐在那裡盯著外面的媒體記者看了兩小時（好好休息了一下）。

然後教士帶我從後門出去，去到一間小餐廳。

媒體也跟到那裡去。他們開始在餐桌邊做出挑釁的舉動，大喊大叫、打翻東西（自然的畫面？）我什麼也沒說，什麼也沒做，只是坐在那裡安靜地吃麵包。很新鮮好吃的麵包。他們沒有新聞可報，沒有話可引述、可插播，只有無聊的畫面，而在這畫面裡，他們看起來頗兇惡。（這是他們的業力源頭嗎？）

無論如何，現在我理解到，媒體知道我的聖地牙哥之路沒剩下多少就要走完了。到處都會有他們的蹤影。我該怎麼辦？我下定決心絕對不要給他們任何東西。就算他們刊登說我像是從地獄歸來，我也不會在乎的。

就在這時候，卡羅斯和阿莉在胡安的陪同下走進了這間小餐廳。哦，天哪，我想。這個胡安到底是誰？卡羅斯開始用手杖作勢要打記者，阿莉對著他們喊叫。有會生氣的朋友真好。我激不起一點怒氣，但我能看出逃避媒體如今對我將是一場捉迷藏的遊戲。而根據蘇格蘭人約翰跟我說過的，我過去在聖地牙哥之路的時光中，由於討厭被追趕而學會了一些招數。到目前為止，媒體曾跟著我到我睡在教堂地下室的地板上，侵入我在庇護所的淋浴間，還在街道上、餐廳裡奚落我。我就這麼完全無助嗎？不，現在我要來好好玩一玩了。

這段應該是具有靈性的了解和決心、應該是漫長艱辛的回到過去的朝聖之旅，如今是否會變成一場逃離的歷險記，逃離那些對我愈來愈感到挫敗的人，因為我沒跟他們半個人說

17

話？村民告訴我廣播和電視記者在打賭，到了他們拍我的默片結尾時，會有一段深入的採訪，因為沒有任何熬過聖地牙哥之路的人能忍得住不吹噓。我在想不知道他們其中有沒有任何人分享過他們的內在旅程。而那些旅程又是否反映出我的旅程？

我決心不接受採訪、讓他們沒話可以引述地走到聖地牙哥德康博斯特拉，也不會讓他們阻礙我完成向過去學習的課程。

胡安說他認識市長的一個朋友可以幫忙，那人名叫荷賽。我們請荷賽在接下來四個城市一開始的地方來接我，開車載我穿過市區。這使得記者們必須走到鄉間去找我。這樣一來，避開他們對我們所有人都變成了一項挑戰和一個遊戲。

到達康博斯特拉之前，我還有一百一十五公里（約等於七十一英哩）要走。

胡安打電話給荷賽，他把車開到餐廳。我從洗手間溜出後門，逃上荷賽的車，自我介紹並向他道謝。卡羅斯、阿莉和胡安留在餐廳裡亂人耳目，同時荷賽則開車載我穿越薩里雅。我跟他約好在我到達波多馬丁（Portomarin）之前再碰面。

荷賽讓我下了車，我又迷路了。黃色箭頭在西班牙的這一帶看來完全不同。我找不到任何指示，看到的只有腦中那些記者的臉。我往回走了幾哩，向一戶人家的婦人問路。她對著我喊叫，我跑開。我沒有哭，反而變得更堅定。

我攔下幾部車向他們詢問聖地牙哥之路的箭頭，他們不知道我在說什麼，彷彿我在另一個星球上，聖地牙哥之路不存在似的。我攔下一個男人，他拿出一張地圖，指著上面的一座教堂，但事實上那裡沒有教堂。然後一位老太太向我走來，說我應該找一叢樹，在那附近的一塊岩石上就有黃色箭頭。我謝過她，離開，找到了那幾棵樹，但底下有兩隻很大的狗。牠們對我發出警告的吼聲。我找不到箭頭。然後那位老太太叫牠們走，牠們聽她的話。我找到了箭頭，跟著走，找到了一個孤伶伶的電話亭，再次打了電話給凱瑟琳。我們談論她的病況，然後我說我正在經歷一些令我困擾的前世回憶。她一直很尊重我探索的好奇心，但抱持著不相信的基本態度。然後她說了些我需要聽到的話。

「妳一直都很習慣於立即的了解，」她告訴我，「因為妳有敏銳的心智，而這些事情對妳很困難。可是妳不可能什麼都了解的，對不對？這不就是箇中課題嗎？看看我吧。我不明白為什麼我快死了，除了我死去的丈夫想要我去之外。」

我怎麼能告訴她我正在「學習」的東西呢？

我一直走，直到找到一間庇護所。外面有兩個男人，他們很生氣，因為他們不能進去。他們想要水，他們想躺下，他們怒氣沖沖。我決定繼續走下去。

17

我可以感覺到自己在趕路。約翰什麼時候會再來找我？我想要學習更多、看到更多，但我也想結束、離開聖地牙哥之路，離開西班牙。

我把背包留在荷賽的車上。我想著能帶給我塵世樂趣的東西。我想坐下來喝上幾加侖甜甜的汽水。我想大吃上幾頓七道菜的法國大餐。我腦中閃現過想要賺多得不得了的錢的慾望，這樣如果我活到真的很老的時候，就永遠不會經歷到我在走過的那些村子裡所看到的貧窮。是的，我要賺大筆大筆的錢，然後大部分送給窮人。同時，我又在狠狠向自己承諾，我永遠、永遠不要再暴飲暴食了；我要永遠好好照顧我的身體，因為這是我回歸上帝的途徑。我再也不要虐待它，因為我經歷了這一切；我還要改善對不了解的事物沒耐心的態度。

我走得太急了，腳踝都紅腫起來。前方有開著花的矮樹叢，大群的蜜蜂在其中飛舞。我別無選擇，只有從中穿過。我把防蚊網罩在頭上，在飛撲到我臉上的蜜蜂群中，走過了大自然可怕的美景。

當我走到波多馬丁外頭那個約好的餐廳時，我看到阿莉、胡安和卡羅斯在等著我。阿莉和卡羅斯搭了胡安的便車。但荷賽不在，而我的背包卻在他那裡。

胡安是一個對一切都很負面的人。他的弟弟顯然沒有把外星的正面能量教導給他。他喜歡爭論，關於太陽、食物、計畫。我溫和地對他提出他很負面這一點，因為他很難相處。

他表示同意，謝謝我指出這點，然後說全世界沒有一個地方像西班牙，有這麼多人為了微不足道的事情爭論不休。他說法朗哥的法西斯政府讓人們心中積滿了挫敗感，現在正在釋放出來。是哦。但他沒說到法朗哥是二十年前的事了。然後胡安去打電話給荷賽，荷賽不久就來了。我納悶胡安怎麼會曉得他在哪裡。

接著荷賽開車載我到波多馬丁，我在那裡看到記者和電視攝影機，他們完全沒想到我會坐在車裡。穿過城市後，我跳下車繼續走，讓媒體在我後面繼續等。

現在聖地牙哥之路似乎讓我邊走邊冥想內在所學到的事情。我知道這會是我生命中很大部分的結束，也是一個新部分的開始。如果千百萬年前，人類歷史上真的曾經有過一個時期，是我們人類比較平衡且具有一種神聖感的時候，那麼我要努力將它從我的記憶中帶出來，帶到我現在的日常生活中來運用。

如果伊甸園真的失落了，我要試著再次找到它。如果其他星球的物種曾尋求且達到了那種平衡，那麼我要更注意目擊幽浮的事件，注意他們為什麼來到這裡。而如果他們是來這裡幫助我們，但首先需要獲得承認他們的存在，那麼我也會去做。

而如果我們曾經一度是雌雄同體，那麼我就要停止將任何人的性取向或性偏好刻板化。如果聖地牙哥之路的能量替我將這一切記憶都放大了，那麼我就要信任它。

17

我正在走向已知世界的盡頭，但我有未知世界的記憶。也許所有曾在此步行的聖人、罪人、國王、皇后、軍人，都曾有過同樣揮之不去的記憶，回憶起一個他們希望能在自己內在重溫的時空。也許我們都不希望我們偉大的現代文明遭到前人那些文明的命運。

現在媒體始終無法真正確定我在哪裡，因為我已跟荷賽安排好，由他開車載我穿過剩下的城市。我買了新衣服取代原先會被認出的衣服，走的時候也沒有背那個熟悉的背包，那是放在荷賽那裡。我戴了另一頂新帽子，帶著我捲起的睡袋，希望不會被認出來。荷賽得到消息，媒體在守著許多接下來的庇護所。還在途中的朝聖者會給他們關於我行蹤的錯誤訊息。我們的貓抓老鼠遊戲現在有更多人來玩了。我現在睡覺都是在戶外或廢棄教堂的地下室，而且從來不睡超過五小時。

同時，有個廣播和電視報導宣布，一位跟我一起走的人錄下了我們討論的所有內容，他們的觀眾和聽眾要繼續收看收聽，以免錯過。

阿莉和卡羅斯有時候會跟在城郊等著接我的荷賽一起出現。他們說不信任胡安，想保護我防著他。我則是不確定。我要等著看接下來會如何。

名氣會刺激自認為是名人的朋友及保護者出現好意的疑神疑鬼態度，這點總是讓我覺得很有趣。人們似乎很欽佩一個真的想偶爾不要曝光的名人。在每個村子裡，人們開始探身出窗外對我喊「烏特瑞亞」。這種叢林電報給了我很大的情感支持。

當荷賽和我在車上獨處、開過市區時，我們談到人生。他問我為什麼來做這趟朝聖之旅，我說，「為了完成它。」他問我是不是天主教徒，我說不是，我有我自己的靈性崇拜。他問我那是什麼，而在沒有一個合乎邏輯的解釋的情況下，我只有大笑。我問他是不是天主教徒。

「哦，是的。」他說，「很嚴格。」

「結婚了？」

「是的。」

「你有婚外情嗎？」

「當然。」

「嗯，那教堂的規定呢？」

「這跟我人生的那個部分一點關係也沒有。如果我面前擺了一道美麗的大餐，我就會吃掉。所以如果有美麗的女人……我從來不對自己的行為說謊。我總是說實話。」

「你跟你太太說嗎？」

「當然不。我有兩個情婦。」

「哦，」我說，「她們是什麼樣的人？」

「已婚的人。」他回答，「兩個都是。」

「那麼如果你太太有情人，你會介意嗎？」

17

「不會，」他說，「我愛她。」

難怪酒吧裡滿是為了微不足道的事情爭論不休的人。

他在阿爾祖阿（Arzua）外圍放我下車。我沒有太多路要走了——只剩不到二十五英哩就能完成聖地牙哥德康博斯特拉之途。現在是七月二日，而我自從在原野上度過的那一夜之後，就沒有跟蘇格蘭人約翰接觸了。我記不得那是多少天以前的事。我是在另一個時區裡，幾乎不知道自己身在何處。

當天走完之後，我找到了一處廢棄的庇護所。那裡聞起來有記憶的霉味……是的，現在記憶對我而言有了氣味。事實上，到現在我幾乎覺得我可以聽見色彩、看見聲音了。

我打開吱嘎作響的門。壞掉的上下鋪站在那裡，像是空洞孤單的建築支架。一張雙層床的上鋪還有彈簧。我穿過骯髒的地板，以前一定有許多起了水泡的腳曾在上面走過。我的水泡現在對我而言是不值得掛心的事了。兩隻老鼠在我面前竄逃。

我爬到上鋪，攤開睡袋。我解開靴子，脫下來，然後用鞋帶把它們好好地掛好。

我穿著衣服，跟這庇護所一樣髒地爬進睡袋。我睡著了。我知道約翰會再來找我，因為我現在有時間慢慢來，而且不需擔心媒體。他們怎麼也不會到這裡來找我。

我滑近睡眠意識，放手讓自己走。

我飛速穿過熟悉的光的隧道，直到發現自己再度置身於亞特蘭提斯的那座水晶金字塔裡。

18

那朦朧的水晶室再次清晰地浮現在我腦海裡。我覺察到水晶槽內包圍著我的溫暖的金色液體。我記起我剛完成了兩性分裂，現在正看著從我自己分離出來的我。我也記起我現在只是男性了。我的眼睛感覺起來很奇怪。我移動身軀，感到隱隱作痛，但除此外沒有什麼感覺。我試著微笑，但覺得自己的身體太不熟悉了。我漂浮著——這我知道——漂浮著，然後看向我旁邊的那個新身體，知道她認出了我。我猛吸了口氣。我低頭看她的生殖器，然後看我自己的。我女性的那一半現在已經沒有了。

由於我自己的一半沒有了，使我感覺身體不完整。我不能說那是一種心理的感覺。事實上，在心理和靈性上我覺得好好的，因為我的靈魂和靈性感覺還是雌雄同體。這是最根本的——基本、天生、固有、太古、原始的——真實而自然。但突然間我比在雷姆利亞的時候更明顯覺知到自己的身體，而由於經歷剛才的分裂，我感覺自己無法適應不完整的狀態。我感覺自己迫切地想跟我在槽中的夥伴在一起。那是我的另外一半，她是我的雙生靈魂。我想要知道我的雙生靈魂有什麼感覺、她在想什麼、她對我有何感覺。我想要成為

她，在某方面是因為我想再度是完整的自己。我想要擁有她，彷彿我想要再度擁有我自己。我想要控制她，就像我想要能夠完全控制我自己一樣。我感到困惑。我和長老院溝通這些感覺，他們回應表示他們了解，而且這沒有不尋常。我質疑接下來該怎麼做，他們回答我應該有耐心。

我身旁的雙生靈魂夥伴不僅是筋疲力盡，同時我也感覺到她的靈魂對她的新環境和身體感到非常訝異和驚愕。我提醒自己，她畢竟是個剛剛重新轉世為完全成熟、具體化的女性人類的靈魂。她將需要調整適應她新的三度空間的物質性，以及她身為僅是女性的侷限，就像我僅是男性一樣。

她無力地對我微笑，幾名護理人員將我們輕輕抬出槽外。她看起來完全不清楚有一具身體是怎麼回事。她的皮膚是金黃的蜂蜜色，她有著棕色的大眼，臉部輪廓很細緻。她的頭髮是深巧克力色，堅定的下巴線條。她就是那個先前自願「死」在雷姆利亞出生槽中的雙生靈魂，我以後會在西元七九〇年，聖地牙哥之路遇見身為查理曼大帝的她，之後在二十世紀她會是歐拉夫・帕姆。

護理人員輕輕把我們抬出，放進水晶推車裡。兩架推車並排前進，讓我們兩人時時能與對方為伴。我向她伸出我不熟悉的新手臂。她牽住我的手。我感覺她溫暖柔軟，帶給我安慰。我感覺被她的溫暖和柔軟保護著。我感覺在她面前顯露自己的脆弱是安全的。我感覺

18

她能提供所有我不知怎地覺得自己所缺乏的特質，也感覺我能成為她非常好的伴侶。

我們兩人被輕輕推進一間水晶掃瞄室，護理人員用水晶螢幕掃瞄我們的身體，檢查有無缺陷。沒有。分裂顯然是成功的。現在我們要進行性別調整的程序。

經過一段不知多久時間的平靜休息、具療效的弦樂、深度冥想、有安撫作用的精油按摩以及來自長老院的集體能量供給，她和我開始了日後被稱為譚崔練習（tantric exercise）的程序。從分裂的那一刻開始，我們就沒有分開過。我們知道我們是雙生靈魂，因此完全相容，長老告訴我們，雙生靈魂系統是雷姆利亞文化兩性分裂的基本配對法。這樣兩性分裂真正需要的就只是身體上的調適，而我們之間可能產生的性愛狂喜是在此之前人類從未經驗過的。有了兩性的配對，靈魂子女就能開始繁衍，提供更多見證神的實體，也因此能讓他們實現自己和自己對神性的追求。

她和我被帶進另一個房間，在一番簡單概略的身體說明後，讓我們完全獨處，發掘自己和彼此。

儘管分裂後的我們是成熟的大人，但在性愛方面我們本質上是童貞。我們兩人都曾有過懷孕的經驗，但我們當然從來不曾以性的方式表達自己。先前我們是雌雄同體的存有，沒有天生的性壓力系統來應付這些複雜的細節。因此譚崔是為那些沒有性意識的原初成年人類所設計的。

他們告訴我們，性愛的目的是引起及創造與另一個人之間的親密，以讓每個人了解沒有人是一座孤島。性愛是要做為兩個生命之間的對話——心靈感應的、賀爾蒙的、精神的——透過七個脈輪（這是靈魂的能量中心和器官）以及所有的身體和心理感官進行，目的很明白，就是要導致親密。

性愛是要用來重新融合靈魂的語言。而肉體的吸引力會驅使每個人重新檢視自己。他們說，性愛讓人更進一步接觸到神，因為當人與另一個人有親密的連結時，就更為接近神性，因為那另一個人也是神性的一部分。

她和我在一個充滿著朦朧淡紫光芒的房間裡，房間中央有一個低於地面的浴缸，裡面有含油脂的溫水。我們得知這滑溜油感的液體，是男女性愛中人體體液的自然延伸。浴缸本身是由服貼的紙草材料製成的，保持裡面油水的溫暖。我們靜靜地進入那滑溜撫人的水中，很快就發現水非常深。從我們早先在雷姆利亞所受的訓練以及我們對自己先前身體的完全操控，我們知道只要深吸一口氧氣並蓄意減緩新陳代謝的脈動，就可以在水中以X光般的透視，平和地觀想對方。我們兩人身體的氣場在油水中會更容易看見，因為那液體可以幫助傳導能量。

我們深吸一口氧氣，相互觸掌，然後輕握著手沉入深深浴缸的底部。接下來的事是在好幾個月中漸次發生的。我們每天都進行譚崔練習。我們以蓮座姿勢坐下，開始溫柔地凝視

18

對方。我們知道應該專注在我們外在的身體形式，因此開始緩緩地以視覺來理解我們這兩具新的身體。我們從頭部開始，逐次單獨注視對方的頭髮、眼睛的顏色、鼻子的形狀、嘴的曲線、脖子的長度。就在我們同時注視個別一處的特徵，我們注意到對方的脈輪亮了起來。

我專注在她心臟的部位。我可以看見心輪的綠色光環在具有能量的水中發著微光。她的心臟似乎有它自己顏色和頻率。我意識到我自己的頻率跟她的很像。我發現這種相似的振動很吸引人，因此想透過觸摸她來得到滿足，但我得到的指示是要等待。要等到我熟悉了她身體的每一個部位，以及她也同樣熟悉了我的身體。

我漸次朝下審視她的身體，覺知到我個別注視的每一個器官的血流都增加了，幾乎像是器官本身在對我的注意做出反應。我們在對方身上都發現同樣的情形。我們兩人持續坐在油水中，安詳地注視對方。由於我們向來都是進行瑜珈呼吸術，長老院告訴我們，我們的肺能容納很大量的氧氣並供給大量的血紅素。他們說因為我們很高、骨架很大，身體裡的血量更多，因此能儲存更多氧氣。由於心靈的平靜，我們的心跳率是每分鐘一下，這樣緩慢的新陳代謝率也是我們不會變老的原因。老師們提醒我們，我們已經學會完全掌握自己的身體——心、肺、肝、胰臟、松果腺、腦下垂體等等——每個孩子一出生都被教會這樣的技術，就像我們今天教會我們的孩子控制大小便一樣。雷姆利亞人給孩子的玩具是水晶製成的人體器官，讓他們了解他們身體和樂趣之間的關係。他們說，他們不相信無用的玩

具。他們做的每一件事都跟他們自己和神的知識有關，孩童也從學習中得到樂趣。

隨著我們睜大的雙眼開始能夠透視對方，她和我在滑潤的水中看見清晰的感官性。我們專注於提高我們脈輪的振動能量。我們開始透過靈魂器官將我們的身體靈性化。慢慢地，我察覺到血液流向她的女性生殖器。在她對她所看見的東西做出反應之際，我感覺自己的血流量也增加了。我很難分辨究竟是因為感受到吸引力而導致血流增加，還是感覺血流增加所以覺得被吸引。無論如何，這都讓我感覺愉悅而安心。我感到需要觸碰她，撫摸她，鼓勵她，打開她讓我進入。我感覺到一種極為純粹的親密，我能清楚覺知她的每一面。我不只是敏感覺察她身體表面的部分——例如她的眼睛、臉龐和肌膚，我更覺知到她身體內在的部分——她的脈輪和能量中心。七個脈輪全都在發光，下部骨盆處的脈輪（海底輪）與上方其他脈輪一致振動。長老院解釋過所有的能量都來自心輪，那是具有穩定力的平衡，保持性愛吸引力的靈性規則。我來回注視她的心輪和海底輪，兩者都給我同樣多的滿足，而兩者結合更令我狂喜。

長老院說過，整個身體都是性感帶，因為性感帶的定義是「各自分離的敏感區，回應人格需要靈性進展的身體區域」。換言之，他們說如果我身體的某個區域對性刺激有反應，那是因為那個區域需要靈性的注意，而反應造成的血流有助於達成該項進展；因此性愛過程對我的靈性健康和身體健康都有好處。它不但能幫助減輕及釋放緊張壓力，運用在靈性上更能治療我整個系統。他們說性愛會將我的生物人格靈性化，因為它運用到振動能量。

18

時間一週一週、一個月一個月過去，我愈來愈能強烈地覺知到她。我感覺她開始交出自己。我自己的認同感開始與她的融合，直到我覺得我們兩人之間形成了一種完整的新認同。我伸出手碰觸她的手掌。我們兩人張開手掌，輕輕地向下滑過我們的身體。我感到的電流超越了先前我所知的任何自然身體反應。我感覺自己和她一起飄升出自己，直到我們似乎被我們聯合在一起的能量相互支撐著。再一次，我感覺我想成為她，因為我想體驗她所變成的我自己的那一半。

我可以感覺到我們兩人都拋開了自己的意志，服從我們正在體驗的這個過程的意志。過去我們兩人都不曾有過自發的反應，因為雌雄同體的我們總是完全知道我們自己預料之內的反應。因此，性愛是我們自然發生的初次探索。這需要信任、託付，以及完全自發想把自己交給對方的意願。我們感覺時間並不存在，想要擁有對方的那種需要是流動、平靜而且不緊迫的。我們信任我們對彼此的吸引力裡並不需要「目的」。事實上，它就是它本身的目的。這種彼此一致的傾慕讓我們感到神聖。

然後，在幾個月之後，我們擁抱了，雙臂纏繞住對方。我感覺自己非常寬慰地嘆了一口氣。我彷彿是在擁抱我所愛、所失去的自己的一部分。慢慢地，她的骨盆下部逐漸靠向我。我抱起她放在我的大腿上，她雙腿環繞住我，我的回應是將她抱得更近。然後我們輕輕地撫摸對方的眼睛、耳朵、嘴唇、頭髮、脖子、軀幹以及腰臀——直到幾乎是毫不費力、毫不蓄意地，她張開雙腿，我進入她。我們兩個都沒動。沒有戳刺和迎受，只有溫和

的悸動，擴展和收縮。我們迷失在彼此之中：她環繞著我，我感到充滿。現在我們的身體似乎是照著它自己的程序進行，不需要我們的心理驅動力。我們首度體驗到了交出自己的人格。一種更大、更強的力量將我們高高托起，我們降服在這宇宙奧秘之中。然後，不蓄意、不企圖、不費力地，我們各自體驗到了我們的第一次性愛釋放——由完全開放共享的熾烈感情所帶來的肉體緊張，在此得到釋放。我們甚至看到了我們共同高潮所發出的能量火花。我們感覺我們的火花碰觸到了神聖。我們感覺靈性和身體都通了電。我們向彼此注入生命，達到了一種神聖的境界。

我想起約翰教導我的話。我想起他說過，儘管雌雄同體的雷姆利亞人高度發展，但本質上是自我觀想、自我顧及、自我靈性的，而儘管他們內在的陰與陽是完美地平衡，但雷姆利亞人基本上是在服務他們自己的需要。他說兩性分裂因此是最後的試驗，是要克服自我滿足的自我認同。透過自由意志，創造出一種為了自己以外的人服務的方式，來改善這個種族。經由兩性分裂，人類因此有機會服務需求與自己大為不同的人，因為女性的需求與男性截然不同。不像雌雄同體狀態的自我服務，我們創造出在身體上、人格上為彼此服務的機會；但在靈性層面上，我們要繼續保持我們雌雄同體的心理狀態。

如果人學會服務，他也就是在服事神，而將兩性分離成兩個生命體，造物者將有更多生命來見證祂。男性和女性的開始繁衍，可以讓更多靈魂有機會進入肉身層面（物質界），這提供了他們處理業力，回歸神性存在狀態的管道。

18

我和我的雙生靈魂開始了解，我們分離的性慾特質所負的任務。我們從過去就愛對方，性靈的演化程度也足以讓我們現在還記得。分裂使我們極度需要對方。

我們的性愛經驗幸福之至，充滿喜樂。我們異性相吸的這種感覺是嶄新、新鮮和刺激的。純粹物質界的生活變得吸引我們。於是原先是雷姆利亞人的我們，現在成為新的亞特蘭提斯文明的一部分。

我們以夫妻的身分開始生活，我們的家簡樸而有著令人平靜的舒適環境。我們固定聆聽具有療癒效果的音樂，一起進行長時間的冥想，並進一步發展我們對性這個面向的瞭解。

我們深愛對方並為對方而活，陶醉於性愛諧調的新發現。我們兩人都絲毫不想試驗其他的異性。長老院解釋過，一對一的婚姻對於我們的靈性成長及服務造物者是必須的。事實上，我們的婚姻是一種靈性的合約，以一對一作為最基本的承諾，其目的在於過濾掉在我們四周每況愈下的文化中的無益雜音。我們的任務是完全分享並了解對方，才能徹底見證神。兩個有著共同背景和經驗的靈魂，要從婚姻狀態中產生合一的經驗。長老院解釋過，每個人在分裂後，都會對另一個靈魂有著基礎而根本的渴望，想跟對方完全分享生命，因為我們事實上是在尋找我們自己的另一半。此外，他們說，每個人類的任務是要找到他真正的靈魂伴侶。而只有在一個人已經完全找到自己的時候，這才會發生。只有在認識了自

己之後，才能認出自己的靈魂伴侶。也就是說，靈魂伴侶就是自己的反映。

因此現在有兩個基本動機促使人類前進。其一是每個人在另一個人身上找到原初雌雄同體的自己的需要，其二是要尋找自己最初的靈魂伴侶。然後，也只有這樣，才能回歸到造物者，達成合一，也才能回歸我們最初的神性。長老院說人類會永遠感受到兩性分裂的影響，但為了回歸神，這是必要的。

我們快樂地遵從長老院及外星人的指示。我們都了解我們原初的靈魂伴侶在別的地方。不久她懷孕了，生下一個男嬰，由此延續了性別的分離以及她的血緣傳承，這會長久持續下去。我們搭配得相當完美，也一起越來越有知識。事實上，不久我們就完全執迷於知識……對科技的知識，對藝術的知識，對文學的知識（這時我們只使用口說語言了）。

但我的夥伴和我發現，我們和亞特蘭提斯文明的人們愈是深入資訊和知識（這極為吸引我們），就離我們最初的靈性目的愈來愈遠。

隨著亞特蘭提斯愈來愈強調和重視物質和肉體層面，靈性知識和對靈性的尊敬逐漸解體，我們開始失去了我們對靈性的認同。我們變得完全認同男性和女性的身分，發展出男性和女性的自我架構，遠離了我們真實的雌雄同體的靈魂和靈性自我。我們完全被塵界的價值觀誘惑、被肉體和物質界的樂趣誘惑、被生命中知識而非靈性的面向誘惑。我們，還有其他我們認識並溝通的人都開始墮落退化。我們身為同意進行兩性分裂的亞特蘭提斯

18

人，本來可以向完美演化跨出一大步，但我們再次失敗了。在我們回歸神性的演化中，我們本可以完成這最後的考驗，但我們卻犯了跟最早身為靈魂形式時的同樣錯誤——我們的感官受到物質的誘惑，拋棄了我們的神性源頭。外星人曾用他們的心靈和基因科技，幫助低等靈長類加速演化成為亞當之族，現在他們也試著用性別分離協助加速實現神性的過程。或許要當人類本身準備好時，才會有比較成功的結果。

至於現在，亞當之族吃下了知識之樹的誘人果實，被逐出了伊甸園。

但在我遠離靈性的同時，我也第一次變成了一個有情緒的存有。在這之前，我是個雌雄同體的人類，敏感但不情緒化。比方說，我不曾哭過，因為沒有什麼可哭的。我從不曾有過對死亡的恐懼感，因為死亡這種東西並不存在，只有肉體的終結。我與人建立過關係，但是沒有情緒依戀，因為唯一的依戀是與神的連結。我不曾有過性愛的依戀，因為不需要性，我是完整自足的。

我不曾有過夥伴、伴侶、丈夫、妻子。我沒有身份的困惑，因為我的人格是陰陽平衡的。事實上，這也是我之所以達到如此高層次靈性的原因。

我不曾在邏輯層面上運作，而是在感受性的層面上運作。我不曾有過情緒的擔憂，但有更敏感的感覺。我有過迷惑不解，但沒有焦慮。

我基本上具有玩心，有充滿歡樂的幽默感。幽默是釋放緊張，促進成長的方式。我的幽默從來不是建立在他人的不幸上，這種念頭對我是陌生的。

一般來說，我有過感受／感情，但不是情緒。但現在，我開始覺察到我自己的心理有了深刻而根本的轉變，我周遭的文明和人的行為模式亦然。我們全都開始感到與社群及彼此極為疏離。我們也感覺與自己疏離。我們第一次感受到人類情緒所帶來的痛苦。

失去靈性的創傷，導致了我們遠離了上帝、遠離我們自身的神性。

從我們的困惑當中，似乎開始發展出暴力。我們開始感到挫敗及焦慮……然後是怒氣。我們甚至不確定我們在氣什麼——但不知怎地我們也在氣自己。我們與造物者、我們自己的神性，還有淨化的靈性活動失去了聯繫，我們感覺到深刻的情緒衝突。這些衝突不但深刻而擾人，甚至是根本不需要存在的。因為與神性調和，就是一種和平寧靜的存在狀態。由於在日常生活中沒有認知到神聖力量，我們這些繼承了現代新文明的人變得無助，無法應付我們因遺忘自己最初目的而造成的不必要的人類衝突。我們變得極度困惑。

我們的家庭生活也愈來愈困難，因為我們每個人自身的衝突都與其他人的衝突有著互動。我們兩性的對立／分裂變得愈來愈明顯。性的恐懼和敵意開始發展……這種恐懼和敵意是我們兩人從不曾知道的。我們沒有認知並尊重彼此及自我的神性，反而專注在我們的衝突與差異上。我們的小家庭變成了更多負面、激烈和混亂情緒的焦點及來源。我們的兒子變得跟我們一樣困惑及焦慮。我開始猜測，不知激烈和混亂的情緒是否會代代相傳，不知我們身為父母的罪惡是否會在子女身上重演，最後我們的子女在尋找自己伴侶時，也會出現嚴重的問題。我注意到，隨著靈性的失落，出現的是對死亡的無盡恐懼，以及對於人類皆會死亡的可怕認識。缺少靈性知識的我，開始執迷於失落的那一半自己。我忘記了造物者，開始感覺我是死了一半、實現了一半、完成了一半、滿足了一半、只有一半是活著的。我以前完整自我身分的經驗被切成了一半，現在我不停地在我的另一半身上尋找一種充實感。所有這些一半的感覺都令我更加恐懼死亡。

我記得約翰曾說過，靈性的失落、對死亡的恐懼、性別分裂的創傷以及人類衝突的增加，會讓人變得暴力、充滿競爭、腐化和兇殘。我可以感覺到這些情緒衝突就正在我身上發生。我感覺自己變得恐懼、疏離，在人性上變得原始。

我忘記了我的目的是要演化我自己內在的神性。

儘管我獻身於亞特蘭提斯以及新世界的試驗，在性別分裂之後我可以感覺到自己沒有通過這項人類的大考驗。儘管我知道我對神聖之神的承諾以及我的家庭有責任，我還是說服了自己，認為我在亞特蘭提斯的生命已經完成其目的，已經不再有意義。

我——由於恐懼、焦慮、衝突，以及與自己的靈性意義完全疏離——決定回到我原來的世界，回到我的家鄉，回到我的老師約翰那裡去……回到雷姆利亞。於是，我遺棄了我的

夥伴。我離開了她，離開了我的家人、我的承諾，甚至我的目的。

我回到家鄉，發現那裡退化的情況跟亞特蘭提斯不相上下。新世界的價值觀已經滲透回雷姆利亞本土，就像約翰說過的一樣。集體靈性正在消失中。目的和思想完全分道揚鑣。到處都是爭論。社會的每個階層都感染了自私的態度，而以前社會根本沒有分階層的。自大和優越感侵犯了靈性。

伊甸園已然不再。人類已經毀了它的和諧。

隨著靈性和諧被毀，生態和諧也解體了，因為這兩者的和諧向來是互相關連的。我們的行為導致電磁頻率集體扭曲，影響到地球本身的各種模式，因為地球是一個活的有機體，她對人類家庭的感覺、行為和對待做出反應。冥想所提供的滋養已經不像以前一樣存在。人類與自己在其上生活的地球變得疏離。電磁情緒頻率的集體扭曲會導致地球本身產生反應，也就是反抗。抗議。而這也確實發生了。

經過五十萬年宏偉的文明之後，地球的支持系統說受夠了。由於天文和星象的重力拉扯，也由於地球人的心靈頻率不夠正面和諧而無法抵抗，地球崩垮了。這是神，也是大自然清滌扭曲的方式。

在每六千六百六十六年出現一次的行星成直線排列時，先前地球都安然抗拒了重力的拉

18

扯，因為有更高等的存在體提供心靈與和諧的電磁支持。但現在，隨著人類的和諧解體，地球這個活的有機體失去更高等的支持系統。土地、山脈、火山的地磁頻率變得扭曲。土地和心理能量之間的脆弱平衡被嚴重破壞。因此當行星排列成一直線，地球的和諧崩解，成了地震和浪潮。地球需要造物者的共同創造者，也就是人類家庭的幫助，但我們已經遺忘了我們的目的和能量，被困在自己的扭曲裡。

我回到家鄉，看見我所愛的社會充滿了驚恐和崩解。處處都是混亂和腐化。當地球本身做出反應，當地震轟隆而至，當浪潮高漲，當這偉大的社群傾跌頹圮，我犯下了一項重大的罪惡。

脆弱的雷姆利亞大陸沉進了太平洋，它像一頭老去的恐龍，混亂不安，再也無法照料自己，它棄絕了人類能量，又饑又渴，因為它沒有了以往滋養它的生命源頭和靈性電磁頻率。

我眼看著雷姆利亞死去；看著我的老師死去，然後在業力的自我毀滅的舉動中，我自殺了。

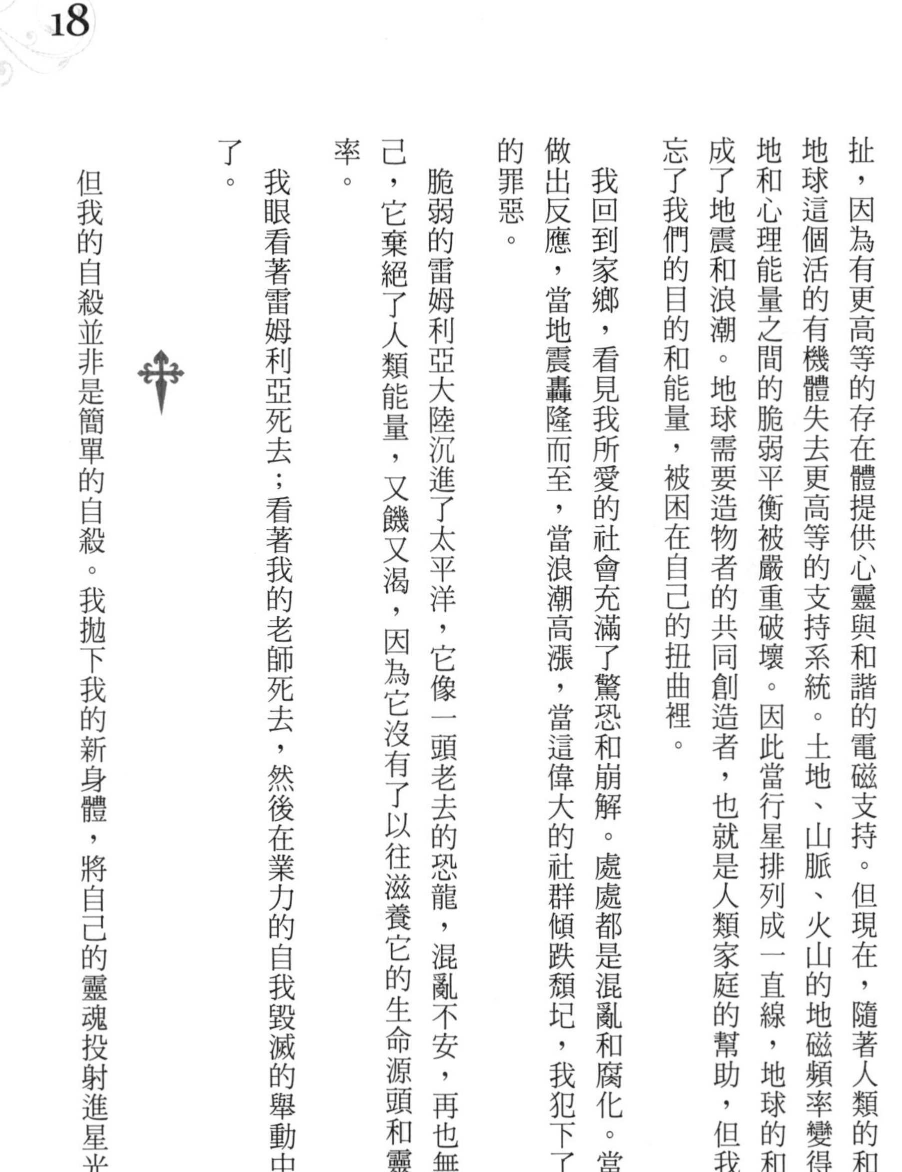

但我的自殺並非是簡單的自殺。我拋下我的新身體，將自己的靈魂投射進星光層，我連

結的銀索完好無損。我看著下方的劇變。數以百萬計的人死去，我看到他們的靈魂集體離開地球層面。我感到無助，無法幫助任何人。其他的靈魂經過我身旁，繼續朝更高的靈界世界而去。我絕望地伸出手。

「等等。」我聽見自己喊叫，「等等，我想跟你們一起去。」

當我的老師約翰的靈魂飄過我身旁並往上飄去（他的身體被壓倒在下方的學習殿堂的柱子下），我痛苦而驚慌。

我的老師接受了他業力到來的時間。他抗拒了投射靈魂到星界的誘惑。體驗這場大災難是他的業力責任，而他也知道這點。他知道他應該保持一種抽離感，對他的人生維持客觀的見解。他的業力是要完成他的生命循環。這是每個人的業力。但我拒絕面對下方令人驚恐的現實，那太讓我痛苦了。我的身體還沒有真正死去，我的身體完好地躺在下方，尚未被周遭陸地的崩毀所影響。但這場恐懼造成的畏懼和孤單強烈到讓我無法應付。我體驗到一種前所未有的罪惡感。我絕望地想跟隨我的老師向上升往更高、更靈性的層界，我因此切斷了我的銀索，做出星界自殺的舉動。我滿心以為這樣可以跟隨我的老師向上升，但是沒有，我反而開始在太空中四處翻滾。靈性的失憶起了作用，一切變成一片黑，我進入了昏迷狀態。我再一次變成一個雌雄同體的靈魂。

我穿越時間和空間，我在其中翻滾……翻滾……翻滾。我感到迷失，找不到地平線。我

18

感到一種令人恐懼的懸浮。我覺得我失去了自己，沒有目標，沒有意義，沒有定義。經過一段像永恆一般漫長的時間，我在一個星界醒來。我發現自己身在一張大水晶桌邊，大天使米迦勒和祂的靈魂伴侶大天使艾瑞爾在空中俯視著我。祂們的星翼帶著高電磁頻率的顫動，祂們的態度是善意的，但極為堅定並對我感到不悅。

大天使艾瑞爾開口說話，我認出了那聲音中的振動。幾星期前艾瑞爾在聖地牙哥之路來找我時，我聽到的就是這個聲音。現在我知道了艾瑞爾和另三位大天使都是雌雄同體，而艾瑞爾已經指引我很長一段時間。現在這位天使再度對我說話。

「雷姆利亞，」天使艾瑞爾說，「或伊甸園，是一種平衡意識的狀態。每一個靈魂為和諧而活，直到他們分享了善與惡的知識之樹，並且拒絕了神聖之神和他們的靈性自我。隨著小我的發展，他們彼此之間開始分裂。在你們的認知中，或許認為你們是分離的，但事實並非如此。當你們渴望和諧與愛的時候，你們是慈善的。當你們學著全心一意去愛神聖之神，並愛鄰人如己，就能在你們自己和彼此內在燃起心靈感應的能量，能夠療癒並保護你們的集體意識不受傷害。因為靈魂激發和驅動所有一切。是靈魂驅動了自然環境。靈魂就是一切。妳必須完成妳真正所是的——一個化身在肉體裡的神聖靈魂。要記住雷姆利亞的教訓，或許有朝一日妳能幫助在這星球重建一個過去和未來的伊甸園。」

艾瑞爾講到這裡停了下來，在空中仔細俯視我。我感覺自己是那麼微不足道。

「妳無可避免的債比懲罰更重要。」艾瑞爾說，「妳履行了諾言進行分裂，創造了一個新家庭。妳的家庭成員都依靠妳。妳選擇離開亞特蘭提斯時，妳的業力目的還沒有完成。在妳的時間到來之前離開物質界，是一項業力之罪。這不是由妳來下判定的。」

我聽著艾瑞爾的評論，深感羞愧，但同時又覺得自己不是那麼了解。

「在妳的情況，」天使繼續說下去，做個手勢顯示這是其他大天使的集體決定，「妳在亞特蘭提斯文明接近結束之前都不得再轉世，到時候妳會重新出生，為人類的未來效力。之後妳將繼續留在人間，直到亞當之族時代在二十一世紀之交結束，那時候妳會決定要繼續在身體裡多久。」

「我們從不懲罰。」艾瑞爾說，「是每一個靈魂懲罰自己。」

我看見一道金色光芒覆蓋住艾瑞爾，然後光擴展開來也包住了我。在那光膨脹的同時，我對那些話的了解也更加清晰。

艾瑞爾似乎變成了一個金色的子宮，包住我讓我開始轉化。米迦勒的天使翅膀伸展開來，覆蓋住艾瑞爾和我。我感覺自己在靈性上是胎兒的姿勢，直到我感覺自己真正縮小成了一個小嬰孩。

我被封在艾瑞爾金色的子宮裡，受到保護。

18

「當妳回到亞特蘭提斯去結束妳的業力時，在妳所離棄的那個文明，妳將幫忙建立起保存記錄與知識的紀念物。妳會協助建立人類的局面。妳會幫忙建一部石中的聖經。那會是一個宇宙的工具。它的使用方法會以金字刻在牆壁的覆蓋物上。我們祈禱那覆蓋能維持完好。因為宇宙能量的移位，它會被在星球間旅行的生命用來當作溝通工具。地球的大師們將在裡面接受訓練。它會被安置在埃及，在地球陸地的中心點上。在那個地點，它應該能夠免於遭遇每六千六百六十六年發生一回的大災難事件。在這個金字塔型的建築物裡，將會有人類過去、現在、未來事件的紀錄。事實上，那會是一部宇宙的時間機器。它將提醒人類，若沒有靈性的了解，人類是在劫難逃的。妳將成為它的建築師之一，為人類的未來效力。如此一來，妳的業力之債才能清償。」

當這些字句在我耳中轟然迴響，艾瑞爾包覆我的子宮給了我溫暖和一種情感支持的感覺。然後我感覺到自己開始翻滾——一種在太空中的以太翻滾——我獨自一人，但知道艾瑞爾與我同在。

我往下方看。雷姆利亞不見了，消失在如今的太平洋的浪潮中。我周遭有數以百萬計的靈魂在往上飄浮，他們各自累積了個人的業力。我納悶艾瑞爾或米迦勒有沒有跟他們每個人說話。這是無從得知的。我們每一個人都各自有自己與神的關係，如果要做出評斷，就是在不完全了解每個靈魂真正是誰的狀況下擅自論斷。

我開始了解「你們不要論斷人，免得你們被論斷」的真正意義。

在我下方的海洋起伏不定。我感覺自己再次翻滾著進入一種懸浮狀態。然後，彷彿穿過一道保護性的隧道，我感覺自己飛速回到了現在，直到我再度明確覺知到自己躺在一處廢棄庇護所的一張上鋪，在西班牙北部的一個村子。

19

一股寂寞感盪漾在我心頭，因為我經歷過的事情不論說給誰聽，對方都會難以理解。

我穿上靴子爬下床，捲起睡袋，走到戶外。

我需要感覺到腳下的小石頭和泥土。我想要雨水打在我的眼皮上，或許甚至想要討厭的蚊子來把我震回現實世界。

我為自己創造出來的那個實相，意義是什麼？我為什麼以這麼堅忍果決的態度行走聖地牙哥之途？古代的朝聖者是否也像我這麼執迷？我們是否只是靈性上的過度成就者？我對個人身分認同的好奇心是否太強烈，使我看到的東西超過我能消化處理的程度？我的靈魂是否一開始是對我的大腦耳語，現在則是宇宙性的吶喊？

我加快步伐，從我的腰包掏出一些堅果和乾果。我觸摸著那個金十字架，深深地吸了一口氣。現在我只想走完這條路。

在下一個城鎮的外圍（我甚至不知道我人在哪裡），我預定要跟荷賽碰面。一輛車突然停在我身旁。我警覺地看過去。安娜坐在車上。

「妳明晚有一班飛往馬德里的班機。」她說。「七月四日。還有，喜樂山（Mountain of Joy）上會有媒體在等妳，那是俯視康博斯特拉的山。如果妳不想見他們就躲開。」

她笑著迅速地開走。

我繼續走下去，直到看見荷賽在他的車上等我。我跑向他，上了車。「我們要在這裡等胡安、卡羅斯和阿莉。」他說。我點點頭。我告訴他我很累，這樣我就不必跟他交談，然後臉朝著天空就睡著了。醒來時，荷賽說我們已經等胡安、卡羅斯和阿莉等了三個小時。三小時寶貴的時間，我本來可以用來走向康博斯特拉的。

「我們到下一個會面的地點去好了。」最後我說。我們沉默地開車前進，我看到一些媒體記者，我縮下身子躲起來。等我們到達庇護所時，我明白這當中有了誤會，因為他們正在那裡等我們。

胡安大發雷霆。「喂，我這裡有妳要的優格和橘子汽水。妳為什麼沒講清楚我們到底要在哪裡碰面？」

這使得阿莉發起火來。「你太傲慢了。」她對他吼，「我早就跟你說我們離城的距離不對。」

「我才沒有。」胡安對她吼回去，這一句前言不搭後語的話我聽不懂。

我跟不上他們爭吵的方式。（不知道他們是否曾在亞特蘭提斯是一對夫婦。）

最後荷賽插話了。「我們冷靜一點。我們必須好好善用每一天，而不是把日子變糟。」

我們坐了下來，吃優格、麵包、乳酪和杏仁果。

胡安無法因為一切只是一場誤會的結論而緩和下來，繼續在嘮叨著誰對誰錯。然後他把所有的重擔全部拉到自己的身上。他走開，靠在一棵樹上說，「這一切超出我能承受的範圍了。一天內發生這些太多了。妳是個名人，我則被懷疑是間諜，懷疑我去找媒體記者，懷疑我把你們的對話錄下來。我們浪費了妳寶貴的三小時，都是我的錯。但如果妳沒有決定要躲避媒體，這些就不會發生了。」

沒有人指控過他任何事。我們全都盯著他看。他的罪惡感讓他不打自招了。

「好吧，」我說，「我們就不要再談這個了。」

胡安繼續說下去。「妳認為我總是在爭論，是嗎？」

「是的。」我說，「所以我們不要再說了。事情已經結束了。」我走進庇護所，在浴室的洗手槽裡洗我的內衣和襪子。

胡安跟了進來。「我是個完美主義者。」他說。

阿莉跟在他後面。「不是，完美主義者是執迷於要達到完美的人。」

「不是。」胡安說，「完美主義者是本身就是完美的人。」

我走到外面去，把我的濕衣服掛在荷賽的車窗上。他們全都跟了出來，接著繼續爭論到底「完美」是什麼意思。

最後我說，「聽著，在這裡我們全都正在對自己有新的了解。這世界上充滿了各式各樣無奇不有的個性。你們不覺得聖地牙哥之路放大了我們內在的一切，那些是我們不曾領會到的？」

他們不說話了。要是他們聽懂我的意思就好了。

「是的，我有這種感覺。」阿莉說。

「我習慣了。」胡安說。

「我們繼續前進吧。」卡羅斯說。

「坐我的車吧。」荷賽說，「胡安，你自己開你的車。」

「我要一個人走。」我說，「我需要想一想。」

他們都上了荷賽的車。我看著他們發動車子快速駛離，看見我掛在車窗上的內衣在風中飄動，他們繼續爭執的聲音在西班牙炎熱的空氣中迴響著。

我身上很臭，臉被太陽曬得斑斑駁駁，指甲裂的裂、斷的斷，手臂、雙手、雙腿和臉上

19

都滿是被各種怪蟲咬的痕跡，這些蟲甚至在未知的世界裡我也不認識。我未染的髮根已經長出了兩吋，雙腳像蹄子一樣，左眼感染發紅。現在我又是獨自一人了，但感到一種奇怪的快樂。

我就這麼一直走下去——那天剩下的時間都在走。晚上我在一條寬大路旁的樹下休息了幾小時，沒有媒體來打擾。反正現在睡眠已經不再是必須，因為某種「快樂完成某事」的腦啡已經開始發揮效用。我唯一需要的是水。為了避開餘程上的媒體記者，我必須不停地走，直到抵達聖地牙哥。我決定不在喜樂山上停留，那裡有一處可以俯視聖地牙哥的庇護所，名字的由來是朝聖者走到這裡可以從高處首次看到康博斯特拉，因而深感喜悅。我決定不給自己那種喜悅，因為老實說，我並沒有感覺到它，沒有感覺到人們所說的那種喜悅或歡喜。我感覺到一種無法定義的東西……一種「知曉」。我知道我的旅程會在這趟結束之後開始。然後我想起安娜曾說過，「等妳消化了妳從聖地牙哥之路學到的東西，真正的旅程才會開始。」

於是我繼續堅決地走下去，決心不讓任何事阻撓我。我會照著我的時間表走，在美國解放紀念日到達。也許甚至更早。我絕對還是很像我母親的。

我愈接近康博斯特拉，就愈難找到箭頭。也很難找出這其中的原因。

媒體以為我晚了一天。

聖地牙哥之路來到一座橋下，那裡有四吋深的糞肥。人們說當你費力跋涉過負面之後，靈性的道路會變得更深，而當你更接近你的真相時，路會變得更窄。

如果我的「夢境—異象」並非出自我的想像，而是最大的真相，那可不是個開在我身上的笑話嗎？我活在一個會取笑這件事的世界，但在「實相」之中，被取笑的是不是他們？那些心存懷疑的人是否才是古怪，神經有問題？

事事都要求證據的科學家和知識分子是否才是我們之中的弱智者，因為他們感覺受到自己內在真相的威脅，而他們尋找的所有答案其實都在那裡？科學的存在基本上是為了尋找上帝和初始。教會的存在基本上是人與上帝之間的仲裁者。真正的答案是否就在每一個人的靈魂，而他們抗拒向內在探求，是因為怕被認為是自我中心？

當我走過那很深的糞便時，知道沒有什麼比向內在探求、集中在我自己身上更重要。在內省中，我已向自己揭露了一些先前根本想像不到的事實。我現在納悶我是否會允許自己相信這些真相？或者我是否會容許自己模糊我所尋找的真相？現在我行走時，是否會認同於我那多次元的自我？當我完成了聖地牙哥之路，是否會讓自己成為那些「自我」？

我走到橋的對岸，把靴子上的糞便擦掉。我聽見卡羅斯的聲音，他正揮著手跑向我。

19

「媒體。」他激動地喊著，「他們就在上面。我們想不出他們是怎麼知道的。是胡安去說的嗎？還是荷賽？」

他一把抓住我，帶我往反方向走，我們再度回到馬路上。荷賽在他的車上等著。卡羅斯把我推上車，荷賽載我開過了媒體記者，然後再放我下車。

我開始跑，直到看見一家小酒吧。我進去裡面思考。我要怎麼避開喜樂山上的媒體並一路走到康博斯特拉？我點了一杯橘子汽水。然後我轉過身，看見了胡安。哦，天哪，就是他。他開了口。

「我跟媒體記者說了。」他說，「我說妳不想拍照，因為妳相信那會奪走妳的靈魂。」

老天，我想。我已經可以想見報上會出現什麼樣的標題了。

胡安轉過身，我從酒吧後門溜走。

我又開始逃。我的背包還在荷賽那裡，所以比較容易走得快。我看到前方有個熟悉的身形，是那個巴西歌手康蘇艾羅。我趕上她，她說她的腳已經好了，她的速度很快。她說她和她丈夫已經決定不離婚了（我先前不知道他們之間有問題）。我們一面跑，一面交換其他朝聖者的最新消息。她很同情我的媒體問題。她說我在庇護所留言簿上寫給她的訊息她都沒見到。

「我想今天晚上就到聖地牙哥。」我說。

「妳是說一路用跑的，不睡覺？」她問。

「是的。」

「好，我跟妳一起。」她很喜歡這番挑戰。

我們開始跑得更快。我們跑了十五公里（超過九英哩），一面保持平穩的速度，一面談她和她丈夫在聖地牙哥之路學到了什麼關於他們自己的事。

「我們分開走了一個月，透過庇護所的留言跟對方溝通。我們決定要繼續在一起。」

「好浪漫。」我說。

「不。」她回答，「我們終於真實面對彼此了。」

「是啊，」我說，「真實是件好事。」

康蘇艾羅大笑。我在想不知她的「夢境—異象」是什麼樣子。

開始下雨了。我們轉錯了一個彎，後來又轉錯了一個彎。我把綁在腰上的 Gore-tex 外套穿上。康蘇艾羅停下來小解，我繼續跑。前面有輛車在等。康蘇艾羅趕上我，我們朝車子跑去，那是荷賽的車。阿莉和卡羅斯也在車上。我們上了車，開了一陣子，直到找到下一個箭頭，然後我們全都下車，跑在主要公路上，直到卡羅斯說他認為我們該走那條聖地牙哥之路的小徑。

我們同意了，但不久就碰上一大群電視攝影機的攻勢。康蘇艾羅跑到我前面，伸手擋住我的臉，不讓鏡頭照到。她看起來像隻具保護性的紅色蝙蝠，因為她伸展開來的披風是紅色的。

我們唱起歌來。「我要握你的手」（譯註：披頭四早期的名曲之一）穿插著「萬福瑪利亞」。阿莉跟不上我們，卡羅斯陪著她。我知道我會跑得比阿莉快，也知道這一次我再也不會見到她了。因此我慢下腳步，伸手從腰間的錢袋抽出一些西幣要她交給荷賽。「這太多了。」她一邊爭執一邊跌跌撞撞地試著跟上。「還包括我想給他的小費。」我們上氣不接下氣地談論怎麼樣才公平，因為如果我沒有再見到他，又因為我的背包在他那裡，我要他把我那些珍貴的錄音帶寄給我。她說這她會確定。最後我在她手裡塞了一疊錢，向她飛吻，喊了聲「烏特瑞亞」，然後就小跑步起來。電視記者跟不上我，因為他們的攝影機太重了。

卡羅斯陪著阿莉。我回頭把他們的樣子刻在我的記憶裡。後來證實卡羅斯說得沒錯，我再也沒有見過他們其中任何一人了。

康蘇艾羅和我跑過喜樂山，直到抵達寫著聖地牙哥德康博斯特拉的路標。那裡有上百架電視攝影機。我把手杖舉起來，在直淋著我的臉的雨中，用「加州，我來了」的曲調唱

「聖地牙哥，我來了」。康蘇艾羅也一起合音。這幅畫面他們可是拍到了，還有配樂呢！

媒體跟不上我們，我們又跑了十公里（約六英哩半），直到到達一處石階。我們越階而下，然後看見一輛車唰地開過轉角停在我們面前。車上的人是安娜。她喊道，「上車，前面有好幾百個記者。妳們已經步行穿過市區界線了，這點最重要。妳們辦到了。現在妳們必須甩開記者，到大教堂去。」

康蘇艾羅和我把自己及手杖塞進車裡，加速穿過市區，向教堂駛去，要到那裡向聖雅各——也就是聖地牙哥德康博斯特拉（譯註：意為「康博斯特拉的聖雅各」）——致敬，那個沒有頭的聖人。我也有同樣的感覺。

這時候媒體已經不知道我在哪裡或者跟誰一起走。是阿莉，胡安，卡羅斯，愛爾蘭女孩，德國人，那個坐輪椅的男人，還是一群狗？都不是，我在一輛車裡，旁邊有一個來自巴西的紅色飛蝙蝠。

最後，我們來到了康博斯特拉壯麗的大教堂，走上石階。這座教堂首建於九世紀，是一座令人驚奇的偉大建築傑作，祭壇下是聖雅各之墓。

一名教士迎接我們，帶我們走到立在祭壇上的聖雅各雕像。我依照習俗走上雕像後方的

19

階梯，站在那裡仰望它的後腦。安娜拍了一張我擁抱雕像的照片。我向聖雅各致謝，謝謝他啟發我進行這趟旅程。我走下階梯，去給我的小冊子蓋章，這最後的一個章證明我完成了聖地牙哥之路。教士說負責給小冊子蓋章的那個人要到明天才會回來。安娜發揮她最動人和說服力的西班牙文懇求他幫忙，我在一旁靜觀。他不知道我是誰，也不知道我為什麼這麼趕。最後他說他來簽，因為小冊子就是他自己發明的。

幾名媒體記者信步走進大教堂，但保持尊敬沒有拍照。教士感到情況有異，看向窗外，到處都擠滿了攝影機和記者。他疑問地看著我，但沒有說話。然後安娜告訴他我是誰，說我想在不受騷擾的狀況下離開聖地牙哥。他點點頭，然後進行接下來的必要事項，對我講解此一朝聖之旅的象徵意義，並為完成旅途的我洗腳，這其間他都一直在問我好萊塢的問題。

洗完腳後，我問這教堂有沒有祕密出口。我知道我待得愈久，媒體就愈會打擾到其他人靈性旅程的結束。

教士不知道該拿我怎麼辦。我問可不可以借用電話，他說可以。我打電話到機場，訂了九點三十分飛往馬德里的班機。現在是八點鐘。我不知道荷賽人在哪裡。我的背包在他那兒，裡面有我所有的筆記和錄音帶；但我的信用卡、錢、護照和金十字架都在我腰間。我

就信任讓阿莉去處理荷賽那裡的事吧。

我衝到每一扇窗邊向外看。教堂的每一處入口都有攝影師和記者。

最後我找到後面的一處出口，那裡只有一組攝影小組。安娜的車就在那裡，車上還有司機！

我匆匆向教士道謝，緊抓著我蓋過章的小冊子，擁抱康蘇艾羅和安娜。安娜說她會跟我在馬德里碰頭。我揮手道別，飛快衝出門、衝進安娜的車，把他們全都扔在背後。那組電視攝影小組的人甚至根本沒注意到。

我感覺獲得了一項個人的勝利。

司機載著我迅速駛向機場。我看向後視鏡，荷賽獨自駕車跟在後面。他開到我車旁，搖下車窗，把我的背包遞給我。我向他喊著道謝，把我的水瓶和藍色的新帽子遞給他做為表達謝意的紀念品。他微笑。我知道阿莉會把我的豐厚小費交給他的。

我和我的手杖前往機場。我對自己所經歷或完成的事並不覺得有任何感傷。這些我稍後再想。

我步行了七百八十公里——將近五百英哩。這一天是七月三日。我比預定日期早一天獲

19

得獨立。我在想一件事——我是否走過頭，錯過了那張長凳？

尾聲

旅程仍然繼續

我搭上飛機，怎麼看怎麼感覺都像個難民，從另一個時空逃來的難民。

我把我信賴的手杖舉在頭上。空中小姐很快就把它收走，放到飛機後面的貨艙去。

其他乘客看著我汗淋淋、有兩種顏色的頭髮，曬得斑斑駁駁的臉，骯髒的靴子，支離破碎的緊身褲，還有快爛掉的背包，裡面只裝了我的錄音帶、指南書、睡袋和一雙夾腳涼鞋。他們試著保持禮貌，但我擠過他身旁並坐下的那個乘客很不高興。真希望我有香水可以噴一噴。

我坐下靠著椅背，試著不惹人注目。

飛機起飛了，我發出一聲滿意的嘆息。現在我要怎麼做呢？

我俯視夏日的暮色。

在康博斯特拉再過去的地方，我看到芬尼斯特雷緊鄰大西洋。我眼前出現之前看過的種

種畫面，一片曾經宏偉的大陸造成了自己的毀滅。是的，我想，我走聖地牙哥之路是為了了解我們身為人類能做到些什麼——那麼宏偉的靈性，以及那麼具破壞性的分裂，都在我們自己的靈魂裡。甚至到今日我們都在重演這齣戲，是因為我們不記得自己的來處了嗎？

我帶著省思和夢幻的感覺，俯視我所愛的聖地牙哥之路，它蜿蜒穿過涼爽的西班牙山巒河谷，以及炙熱、乾枯、泛著微光的乾旱平原。其他朝聖者經歷的內在旅程是否也是如此致幻，對思想造成這麼大的轉變，使得他們無法對別人啟齒？庇護所之所以是讓人避靜和安全的避風港，是不是因為朝聖者的內在正經歷到一些奇異的事？

我看向窗外。我現在高高飛在天上，飛過那些吠叫著考驗恐懼的狗，那些張牙舞爪、像狗群一樣、考驗真相和憤怒的媒體記者，飛過真正欣賞烏特瑞亞的好心鄉下人，飛過具有超越時間的富麗和靈性服從的教堂，飛過最重要的、維持生命、讓聖地牙哥之路成為可能的那些飲水泉。

阿莉和卡羅斯現在在哪裡？他們是不是很快又要爭論聖雅各的真實意義？那兩個愛爾蘭女孩有沒有帶著她們的炊具和臘腸走到最後呢？胡安沒有讓媒體記者成功報導到我，會不會挨一頓痛罵？荷賽幫助我躲過他們，是否感到驕傲？那個坐在輪椅上的男人是否會以時速七十哩進入康博斯特拉壯麗的大教堂，在神的指引幫助下登上那些石階？寶貝康蘇艾羅

有在雕像下高歌嗎？那個德國男人會不會喝得醉醺醺地抵達？哈維耶是否還在試著爬上某人的床？還有教士們是否仍在分發堅固的手杖給朝聖者，希望得到捐款？

我俯視下方的景色，想像著看見查理曼和他的軍隊，摩爾人和他們的衝突，我們人生和事件的個別情節。我是那個摩爾女孩，騎馬奔馳時，黑髮在風中飛揚，在冰冷的溪流裡被施洗之後氣急敗壞地罵不絕口。而那個教士老師蘇格蘭人約翰在這一切上方盤旋，似乎仍在我腦中說著：「要記住妳是誰，妳曾經是什麼。」

然後，我在座位上轉過身，再次向後看，望向我剛剛橫越的國家的地表。它是否真的連接過曾經宏偉的大陸，一個許久前沉沒的未知世界？而那片大陸是否又是另一個更古老的靈性文明的殖民地，那個文明依照人類應該是的樣子而開始？

是的，我已經走向那些未知的世界，尋找我是誰、又曾經是誰。

我想像我看見了那些重大的事件：未知的世界沉沒在浪濤之下。我想到我們今日的已知世界。歷史是否會重蹈覆轍？我們是否會因為未曾承認過去的教訓而沉沒？我們似乎不了解我們與偉大的神／女神有著最根本的靈魂連結，神是那第一個字，是一切的起源。

然後我想著：我們所謂的想像力是否其實是以靈魂記憶為基礎？我們是否有可能知道我們靈魂過去的真相，並因此夢想一個更宏偉的未來？我們是否能學會信任，曾經，億萬年前，聖靈曾是寂寞的，因此創造出我們的存在，讓我們過著像是一個家庭的孩子的生活，用全部的心和靈魂去愛神，並愛鄰人如己？

我抽出我的金十字架，緊緊握住它。是的，我能想像這樣一件事。

安娜在翌日抵達馬德里。我睡了兩天，發現沒有了聖地牙哥的能量，走路變得比較痛苦。我逛街買了一個新皮包，吃了甜點。我無法跟安娜分享我的體驗。還太早了。我走完這趟之後跟她溝通過，解釋我需要把發生在我身上的事寫下來，而非用說的。我們是深刻的朋友，當我們分開、她回到巴西時，我知道我的旅程正如她曾預測過的，「才剛開始」。

我離開西班牙後，立刻到倫敦去找凱瑟琳。我的確跟她分享了一些我的體驗和啟示，但她的病況已經讓她有夠多的東西要應付了。「現在我自己也準備好要接受靈魂啟示了。」她悲哀地說。她謝謝我這趟有部分是為她而走。她很喜歡聽關於那些山巒、乾旱平原、旺盛的瀑布、形形色色的朝聖者、狗群，甚至媒體記者的故事。至於雷姆利亞和亞特蘭提斯方面，她認為我的想像力很強、很有創意。當我問她想像力的定義是什麼，她睡著了。我真的可以理解。

我陪了她一星期。她談了很多，關於她的人生、她過去的感情，以及她跟他們做了什麼和沒做什麼。

她很有創意，是個思想開放、感情充沛的知識分子，全心想要了解自己是誰。

待在倫敦的那些天，我感覺非要在公園裡和整個城市中繼續步行不可。沒帶背包會讓我感覺赤裸，不管身上穿什麼我都背著它。

我向凱瑟琳道別，知道我可能再也不會見到她。

幾個月後，她過世了，失去了她的友情讓我開始思索，要如何把我們人類共同的掙扎——掙扎著要了解我們是誰，跟其他人、時間、歷史的關係為何，以及為什麼我們對這些如此好奇講述出來。

她高貴的尊嚴、她的慷慨精神，以及她的纖弱之美和真實的魅力，永遠會與我同在。她對智慧的真正意義和失樂園感到好奇，她於是去尋找她自己的天堂了。

雖然阿莉和卡羅斯跟我互留了地址，至今我未曾跟他們有過進一步的聯絡。彷彿我們共度的經歷是時光中孤立的一點，珍貴而再也不能重訪。

那個堅持匿名寫信給我的人至今也未曾跟我聯絡，那些信對我造成了很大的影響，讓我去走聖地牙哥之路。我不知道那些信是誰寫的，從哪裡來的。

我很大的遺憾是沒有個人的照片，但話說回來，僅是一度空間的照片也無法確切傳達出這段經驗。現存僅有的照片是媒體記者拍的。

我能證明雷姆利亞和亞特蘭提斯曾經存在過嗎？當然不能。但如果我能如此詳細地「想像」出它們，那些細節又是從哪裡來的？我古老創造力的記憶深處嗎？有一點我很確定——我有一個靈魂，而它知道的多過我現在可以用頭腦去理解的程度。

我毫不懷疑我以前曾經活過，未來也將再活。在我和某些人的關係間有太多的同步性了，這對我以及他們當中的許多人就是證明。

無數年前是否曾經發生過兩性分裂這個事件？神話不是個別孤立的觀念，尤其如果在許多文化中都出現過的話。如果今日我們認為透過DNA和複製可以進行基因工程，那麼為什麼不可能很久以前在一個進步的社會裡也這麼做過？沒有證據並不證明沒有發生。我想人類向來很喜歡玩扮演上帝的遊戲，因為我們每個人內在都存在著創造的能量。

也許真的有過這樣的事件，才會讓那麼多人渴望在另一個人身上找到自己的另一半。或許這也能解釋今日男與女之間的種種戰爭和誤會。

在評估人類的一切時，外星人的角色是否也佔有一席之地？

我認為，相信我們是孤獨地存在於遼闊宇宙的生命計劃裡，這種想法是愚蠢的。有很多證據顯示他們可能曾經，而且現在也在造訪地球。

因此我相信，現在是讓那些可能被遮掩的事實呈現，開放自己接受新視界，承認他們存在的可能性的時候了。

地球能量本身具有我們靈性源頭的不解之祕。當我走在我們星球這心愛的地表上時，我深深了解到保護她有多麼重要。大地之母是我們的連結，我們是她的靈性子女。而身為她的居民，我們要平衡和諧才能確保她的平衡和諧。如果大自然會跟隨意識，我們就有責任保持自己的平衡，好讓地球也反映出這一點。而時間又是什麼？它是否很有彈性，讓一個人能夠同時經驗到一切？

人說佛陀閉上眼睛一會兒，就活了九萬九千世。這種上帝感深刻得讓他能彎曲時間。我的體驗是否只是聖地牙哥之路的能量所帶來的擴展的意識？

若我承認我靈魂的一切經驗都記錄在它的記憶裡，這是否增廣了我的知識？

而想像力呢？在與我們所認為是真的事情的關係中，我們究竟是誰？我們每一個人都是自己的創造。這是人類藝術的奇蹟。也許我們每個人都經歷過「善」與「惡」，而每一世在回歸神聖之神的旅途中都提供了我們見生命的課題。一個人最深刻的洞見常被認為是不受

社會接受的，甚至是妄想。我們是否應該要「確信」這些洞見，因為如果不是那樣，就配不上上帝了？

也許這一切都很簡單。我們從神聖而來；我們與那想像能量一起創造，直到我們回歸於祂。一世又一世。

而蘇格蘭人約翰呢？

親愛的讀者，他仍不時會來找我。我寫這個故事的時候他與我同在，還有我隨身配戴的那個金十字架的能量。我把約翰當作良師益友，因為他教導我，如果我不完全信任他或任何我「學到」的事，那就是拋棄了我自己的創意才華。

我們每個人都創造出了一切。同樣的，沒有證據並不證明沒有發生。

想像這一點吧！

¡ ULTREIA !
AMIGOS del CAMINO de SANTIAGO
HOSPITAL de ORBIGO (León)
25-6-94
REFUGIO 'GAUCELMO'
RABANAL DEL CAMINO
26|6|94
FIRMAS Y SELLOS
REFUGIO DE PEREGRINOS DE MANJARÍN (LEÓN)
NON NOBIS
Una luz en el camino
MOLINASECA
Fecha
Fecha
ASTORGA
Fecha
Fecha
AMIGOS CAMINO de SANTIAGO EL BIERZO
27-6-94
POSADA DEL PEREGRINO
Telf. 28 90 72
POYO DE PIEDRAFITA LUGO
XACOBEO
GALICIA
ALBERGUE
Fecha
Fecha
DE SAMOS
ALBERGUE DE PEREGRINOS
XACOBEO
GALICIA
1-7-94
Calvor
AYUNTAMIENTO DE
ALBERGUE PEREGRINO
MELIDE (La Coruña)
2-7-94

這些在每個村落所蓋的章，就是朝聖者完成聖地牙哥之路的證明。

宇宙花園　先驅意識02
聖雅各之路——莎莉麥克琳的光之旅
The Camino: A Journey of the Spirit

作者：Shirley MacLaine
譯者：嚴韻
編輯：張志華
出版：宇宙花園
通訊地址：北市安和路1段11號4樓
網址：www.cosmicgarden.com.tw
e-mail：gardener@cosmicgarden.com.tw
總經銷：聯合發行股份有限公司　電話：(02)2917-8022
印刷：金東印刷事業有限公司
初版一刷：2013年5月　新封面一刷：2016年12月　定價：NT$ 390元
ISBN：978-986-89496-1-4
The Camino: A Journey of the Spirit by Shirley MacLaine

國家圖書館出版品預行編目資料

聖雅各之路——莎莉麥克琳的光之旅
Shirley MacLaine 著；嚴韻譯.
-- 初版 -- 臺北市：宇宙花園，2013〔05〕
面；　公分. --（先驅意識；2）
譯自：The Camino: A Journey of the Spirit
ISBN 978-986-89496-1-4（平裝）
1. 麥克琳（MacLaine, Shirley） 2. 朝聖 3.遊記 4. 西班牙

746.19　　102009069